Albert Görlach

Memoiren eines Sitzenbleibers

Zur leichteren Identifikation ist der fragwürdige Held auf einigen der Fotos markiert.

Copyright: © 2015 Albert Görlach
Umschlag & Satz: Erik Kinting – www.buchlektorat.net

Verlag: tredition GmbH, Hamburg
978-3-7345-0253-8 (Paperback)
978-3-7345-0254-5 (Hardcover)
978-3-7345-0255-2 (e-Book)
Printed in Germany

Bibliografische Information der Deutschen Nationalbibliothek:
Die Deutsche Nationalbibliothek verzeichnet diese Publikation in der Deutschen Nationalbibliografie; detaillierte bibliografische Daten sind im Internet über http://dnb.d-nb.de abrufbar.

Gewidmet meiner Enkelin ALEXANDRA

Inhaltsverzeichnis

Vorwort

Dass ich gerne die Bitte des Verfassers dieser Memoiren, das Vorwort zu schreiben, erfüllt habe, hat verschiedene Gründe. Einmal habe ich kapitelweise, so wie sie entstanden, als Dank für unschätzbare computertechnische und bildbearbeitende Hilfe Korrektur gelesen, wodurch ich mit dem Inhalt und deshalb auch mit dem Leben meines Freundes so sehr vertraut geworden bin, dass ich den Fortgang des Werkes auch zu meiner Sache machte. In den vielen Gesprächen über einzelne Abschnitte habe ich seine Lebensleistung schätzen gelernt. Zum anderen habe ich ungewollt und unwissentlich den Anstoß gegeben, dass Albert mit seinen Erinnerungen, die ursprünglich nur für einen eng begrenzten Kreis gedacht waren, an die Öffentlichkeit ging. Denn auf der Feier seines 70. Geburtstages im Jahre 2007 zitierte ich arglos einige Passagen, um Abschnitte aus seinem Leben zu erläutern. Dass er dadurch sich ermutigt fühlte, seine Memoiren in Buchform herauszugeben, erfüllt mich mit großer Freude. Schließlich ist Albert der lebende Beweis für die Richtigkeit meiner Meinung, die ich als Lehrer immer vertreten habe: Die Schule ist nicht alles. Im Leben danach sind Interesse, Unternehmungslust, Fleiß, Zähigkeit und Zielstrebigkeit wichtige Faktoren.

Seine berufliche Karriere, die ich mit dem Titel „ET-Papst" zu kennzeichnen pflege, ist Folge und Ergebnis eines höchst berechtigten Selbstbewusstseins. Während andere peinlich bemüht sind, eine Nichtversetzung mit dem Mantel des Schweigens zuzudecken, nimmt er schulisches Scheitern sogar in den Titel seiner Autobiographie: „Memoiren eines Sitzenbleibers". Diese ungewöhnliche Formulierung kann er sich leisten im Hinblick auf sein imponierendes Lebenswerk.

Als „Pate" dieser Memoiren wünsche ich dem Buch freundliche Aufnahme hüben und drüben der ehemaligen Zonengrenze als Beispiel eines mutigen und erfolgreichen Aufbrechens aus einem unfreien und überwachenden Staat in ein freies, der Selbstverwirklichung Raum gebendes Land.

Walter Froleyks

1. Kapitel: Klassenziel nicht erreicht

In der acht Klassen zählenden Volksschule meines Heimatdorfes Körner in Thüringen bin ich zweimal sitzen geblieben. Das erste Mal in der fünften und das zweite Mal in der siebten Klasse. Als ich das erste Mal nicht versetzt wurde, war das eine schlimme, schlimme Sache für mich, und ich hätte damals nicht nur alles für meine Versetzung gegeben, was ich zu geben im Stande gewesen wäre, sondern hätte auch bedingungslos jeden bedenklichen Scheck auf meine Zukunft unterschrieben, wäre ich dafür nur versetzt worden. Der Teufel war an meiner kleinen Seele offenbar nicht interessiert oder er hat mich übersehen, denn sonst hätte er mit mir ein Geschäft machen können.

Dass es mit dem Sitzenbleiben seine Richtigkeit hatte, zweifelte außer mir selber sicherlich niemand an. Deshalb nutzte es mir auch nichts, als ich nach den Schulferien in meinem alten Klassenraum erschien, dass ich meinen bis dahin angestammten Platz wie selbstverständlich einnahm und mich nicht vom Fleck rührte, als ich in die andere Klasse umziehen sollte. Am Ende musste ich dann aber doch nachgeben, und ich erinnere mich gut, wie mich zwei Klassenkameraden eine Treppe nach unten begleiteten, wo mir mein neuer Platz in einer Klasse zugewiesen wurde, in die ich um nichts in der Welt wollte. Das war für mich sehr demütigend, aber mit den Jahren hat sich der Schmerz langsam verflüchtigt, und heute nach über einem halben Jahrhundert ist nur noch die Erinnerung daran geblieben. Schade, schade, dass ich nicht ahnen konnte, dass das Sitzenbleiben und die Prognosen zu meiner Zukunft so wie auch die Beurteilungen meiner damaligen Lehrer immer unwichtiger und schließlich ganz und gar bedeutungslos werden sollten. Es war damals auch kein

Trost für mich, dass Franz[1], ein Klassenkammerad, mit dem ich eingeschult worden war, wie ich die Versetzung in die sechste nicht schaffte. Wie bedrückend es für ihn war, habe ich entweder nicht erfahren oder vergessen, obgleich ich mich gut an ihn erinnern kann.

Zugetragen hat sich das alles in der „Neuen Schule" von Körner, in die ich ging, seit ich in die fünfte Klasse versetzt war. Die ersten vier Jahre hatte ich in der „Alten Schule" absolviert, wo ich eingeschult worden war. Die „Alte Schule" liegt nur ein paar hundert Meter von der „Neuen Schule" entfernt und vis-a-vis der alten Dorfschmiede. Von unserem Klassenzimmer aus konnten wir hinüber auf den Hof der Schmiede sehen und gerne habe ich dort den Blasebalg gezogen, der das Feuer anfachte. Dem alten Schmied, der wie ich mit Vornamen Albert hieß, fühlte ich mich sehr verbunden und im Stillen glaubte ich, einen Freund an ihm zu haben. Manchmal wenn ich in die Schmiede kam, schickte er mich in den Konsum, eine Flasche Franzbranntwein holen, trank zuerst ein paar Schluck aus der Flasche und ließ sich dann von mir das Kreuz damit einreiben. So sehr mich damals auch der gleichzeitige Gebrauch dieser Medizin zur inneren und äußeren Anwendung wunderte, so gut weiß ich jetzt, dass der „Spiritus Vini galici", eigentlich nur für die äußere Anwendung bei Kreuz und Muskelschmerzen gedacht ist, aber missbräuchlich manchmal auch zur „inneren Therapie" Verwendung findet. Der alte Schmied, der im Orte wohl geachtet und beliebt war, ist mir damals zum Vorbild geworden, so dass ich meinte, es ihm später gleich tun zu sollen; ich wollte Schmied werden. Aber durch unsere spätere Zwangsaussiedlung von

---

[1] Name aus Rücksicht geändert

Körner habe ich ihn aus den Augen verloren und irgendwann erfahren, dass er immer mehr dem Alkohol zusprach und am Ende daran zugrunde ging. Geblieben ist mir ein dankbares Gedenken an ihn und dass ich mich in meinem Erwachsenenleben oft als Grob- und Kaltschmied versucht habe, wenn etwas repariert werden musste.

Blick auf den Hof der Schmiede vis-a-vis der alten Schule

„Sitzenbleiber" war von nun an mein Spitzname, der zwar für eine ganze Weile aktuell war, aber schließlich von meinem viel populäreren Titel, nämlich „Mondkalb" abgelöst wurde. So war ich dann für meine alten wie neuen Klassenkammeraden eine ganze Weile einmal der Sitzenbleiber und ein andermal das Mondkalb, bis ich schließlich das Sitzenbleiben ausgesessen hatte. Mit den zwei genannten Titeln: Sitzenbleiber und Mondkalb sollte die Reihe der mir verliehenen Auszeichnungen noch nicht zu Ende sein, doch die mir später verliehenen Prädikate waren für mich weniger bedeutungsvoll, und einige erfüllten mich sogar mit heimlichem Stolz. Denn in meinem Erwachsenenleben meinte ich, mit dem einen oder anderen Spitznamen so etwas wie Anerkennung zu erfahren, und außerdem heißt es ja auch: Liebe Kinder haben viele Namen.

Zur Deutung der mir verliehenen „Auszeichnungen" brauchte ich keine Fantasie, denn Sitzenbleiber spricht für sich und zumindest damals empfand ich es als arges Schimpfwort. Was ein Mondkalb ist, wusste ich zwar nicht, fühlte aber die Diskriminierung und litt darunter. So war Mondkalb schließlich auch die für mich verletzendste Bezeichnung, die mir eine Lehrerin verpasst hatte. Warum ausgerechnet Mondkalb, habe ich nie erfahren. Dabei wusste sie wahrscheinlich so wenig wie ich, was sich dahinter verbirgt und was sie mir damals damit angetan hat. Ich habe schließlich auch erst als Student der Tiermedizin in einer Pathologievorlesung erfahren, dass ein neugeborenes Kalb mit verschiedenen Ausprägungen der Wassersucht landläufig als Mondkalb bezeichnet wird. Es zählt neben anderen von der Norm abweichenden Erscheinungsformen zu den Missgeburten, die man früher dem schädlichen Einfluss des Mondes zuschrieb. In der tiermedizinischen Pathologie ist es als angeborene totale Hautwassersucht unter der Bezeichnung „Hydrops congenitus universalis" näher beschrieben.

Viel später, als ich das mit dem Mondkalb längst verschmerzt hatte und für meinen Computer ein Passwort, wie z. B. bei Bank- und Internetgeschäften, ein Codewort brauchte, ist Mondkalb zu meinem Lieblingsgeheimwort geworden. Dabei war bei Internetgeschäften dieser eigentlich ungewöhnliche Begriff manchmal schon vergeben, so dass ich nur mit fehlerhafter Schreibweise oder mit numerischer Ergänzung das Wort dennoch als Geheimcode benutzen konnte. So erhalte ich jetzt manchmal automatisch geschriebene e-Mails zu Internetangeboten mit der Anrede: „Hallo Mondkalb". Auch hat mich mein Sohn und einziger Nachkomme Robin, wenn er richtig sauer auf mich war, schon als kleiner Junge manchmal Mondkalb geheißen. Denn er wusste aus Erzählungen von meiner unrühmlichen Schulzeit und dass Mondkalb als Beschimpfung taugt. Mit Repressionen meinerseits musste er deshalb nicht rechnen, weil ich ihn sehr lasch und antiautoritär erzogen habe, wenn man meine Anleitung fürs Leben überhaupt als Erziehung bezeichnen konnte. Er ist schließlich auch erst als Sitzenbleiber „zu Ehren" gekommen, bevor er sich auf ein Hochschulstudium eingelassen hat, und so mag es wohl seine Bewandtnis damit haben, wenn es heißt: „Der Apfel fällt nicht weit vom Stamm". Auch hat er als „braver Schüler" wie ich die am schlechtesten ausgefallenen Klausuren selbst unterschrieben, um zu Hause unnötigem Ärger aus dem Wege zu gehen. Während ich die Unterschrift meiner Mutter durchgepaust und mit Tinte nachgezogen habe, hat er meine Unterschrift irgendwie unter seine misslungenen Arbeiten gesetzt. Dabei hat er wie selbstverständlich gleich mit Dr. A. Görlach unterzeichnet, obgleich ich nur Veterinäratteste oder bei offiziellen Anlässen mit Titel unterschrieben habe. Weder bei ihm noch bei mir sind die Urkundenfälschungen von irgendeinem Lehrer entdeckt worden. Ich habe meine Missetaten viel später meiner erschreckten Mutter gebeichtet, während mir Robins Fälschung bei einem Elternsprechtag aufgefallen sind, als mir seine Lehrerin ganz ahnungslos die Werke vorlegte, weil ich nicht glauben konnte, dass seine Versetzung gefährdet war. Geflissentlich habe ich daraufhin gleich eingelenkt, etwas von

„ganz vergessen" gestammelt und den Schwindel unter der Decke gehalten. Entweder hatte er sich damit nicht viel Mühe gemacht oder er konnte es nicht besser, denn mir ist die Fälschung sofort aufgefallen und ich habe ihm dann auch empfohlen, derartig stümperhaft gemachte Nachzeichnungen in Zukunft zu unterlassen, denn solche Manipulationen sind ohnehin keine Lösung, weil die unerbittliche Wirklichkeit jeden irgendwann wieder einholt.

Aber zurück zur Grund- und Hauptschule in Körner. Als sich in der siebten Klasse wieder zeigte, dass ich wohl das Klassenziel erneut nicht erreichen würde, war das nicht mehr ganz so schmerzlich wie beim ersten Mal, denn Sitzenbleiben bedeutete in diesem Falle die Entlassung aus der Volksschule, während die Versetzung in die achte Klasse den weiteren Besuch der Schule bedeutet hätte. Mir wäre die Versetzung eigentlich ganz recht gewesen, nur war ich dann doch nicht traurig, als es wegen des erneuten Sitzenbleibens mit der ungeliebten Schule zu Ende ging. Denn meine Entlassung aus der Schule machte Sinn, weil ich sonst für weitere zwei Jahre die Schulbank hätte drücken müssen, ein Jahr, um die siebte Klasse zu wiederholen und nach der Versetzung ein weiteres Jahr für die achte Klasse. Dazu konnte niemand vorhersehen, ob ich mit dem erfolgreichen Abschluss in der siebten und in der achten Klasse die Volkschule beenden oder das Klassenziel ein weiteres mal nicht erreichen würde. Hätte es damals schon die Hilfs- oder Klötzchenschule gegeben, dann wäre ich sicherlich dorthin delegiert und am Ende mit einem entsprechenden Zeugnis ins Leben entlassen worden. Auch gab es damals den Begriff „unbeschulbar" noch nicht, der mir sonst sicherlich auch noch verpasst worden wäre.

Meine neuen Schulkameraden, die mir alle an Alter und Größe unterlegen waren

Die Hänseleien mit Mondkalb und Sitzenbleiber fanden schließlich auch ihr Ende, denn aufgrund meines Altersvorsprunges hatte ich meinen jüngeren und kleineren Kameraden gegenüber in der mir neu zugewiesenen Klasse überzeugende Argumente bzw. vorteilhafte Merkmale[2], die mir für meinen Status in der Gruppenhierarchie zugute kamen. Dazu habe ich mich damals im Schulsport mit Boxen hervorgetan, was mir zusätzlich nutzte und Respekt verschaffte. Nur später in einer Boxstaffel in Arnstadt und bei Ausscheidungskämpfen in Dresden zeigten meine

---

[2] Die soziale Rangordnung eines Gruppenmitgliedes hängt bei Kindern und Jugendlichen (wie auch bei Tieren) mehr von den Merkmalen Körpergröße, Alter, Gewicht und sozialen Ambitionen (aggressiv/regressiv) als von der intellektuellen Leistungsfähigkeit ab. Denn nach den Gesetzen der Physik müssen selbst kluge Individuen der Gewalt (Masse mal Bewegung) weichen, wenn vernünftige Argumente nicht zur Geltung kommen.

Kontrahenten weniger Respekt vor mir als meine kleineren Klassenkameraden und so fand meine anfangs recht hoffnungsvoll begonnene Karriere als Amateurboxer mit Blutergüssen, blauen Augen, lädierten Lippen, Prellungen und Schädelweh wieder ein leises und unrühmliches Ende.

Unser alter Bauernhof, die Münze in Körner

Am Tag meiner Schulentlassung, die mit der feierlichen Zeugnisvergabe einherging, habe ich mein Zeugnis zerrissen, was ich aber später immer etwas mehr bedauert habe. Denn gerne hätte ich nach Jahren die Benotung und Beurteilung meiner damaligen Lehrer, die sich meiner Wertschätzung weder damals noch später erfreuen konnten, nachgelesen, und gerne hätte ich gewusst, welche Fächer außer Deutsch noch mit einer 5[3] zensiert waren (Diktate und Aufsätze schreiben war mir von allem immer das Ärgste). Wenigstens in Religion, Sport, Singen und Bio-

---

[3] Eine 5 war damals die schlechteste Zensur, vergleichbar einer 6 von heute.

logie war ich nicht so schlecht, solange es im Musikunterricht nicht ums Notenlesen oder Strophen aufsagen ging. Schade, dass es in der Grundschule nicht so geregelt war wie später auf der Hochschule, wo man innerhalb unterteilter Prüfungsfächer eine 5 (mangelhaft) mit einer guten oder sehr guten Note ausgleichen konnte. Diese Aussicht bestand jedoch nur, wenn „kein Teil eines unterteilten Prüfungsfaches" mit 6 (ungenügend) und der erzielte Durchschnitt mit wenigstens 4,0 (ausreichend) bewertet wurden. Vielleicht hätten aber meine guten Zensuren in Religion und Sport nicht ausgereicht, die schwachen bzw. schlechten Noten in den anderen Fächern zu kompensieren. Überhaupt habe ich es später als Hochschulstudent offenbar viel, viel leichter gehabt als vorher in der Grundschule, denn ich bin weder erneut „sitzen geblieben" noch habe ich einen Ausgleich in irgendeinem Fach für das Erreichen des nächsten Semesters bzw. Studienjahres gebraucht. Dabei wird es unter Studenten sogar mit Lob bedacht, wenn man eine Prüfung verpatzt und deshalb ein Studienjahr wiederholen muss, d. h. wenn man eine Ehrenrunde dreht. Eigentlich schade, dass ich mir meine schöne Studentenzeit nicht mit wenigstens einer Ehrenrunde ein bisschen verlängern konnte. Denn der Wiederholung eines Studienjahres hätte ich gerne zugestimmt, nur musste ich für meine Studienförderung (Honnefer Modell) die vorgegebenen Prüfungen nach jedem Studienjahr in den Semesterferien mit 3,0 oder besser abwickeln, bevor das neue Studienjahr begann und das Stipendium weiter gezahlt wurde.

Zu meiner Entlastung sollte ich vielleicht noch anmerken, dass meine schwachen schulischen Leistungen in der Grundschule sicherlich auch damit zusammenhingen, dass ich zu Hause viel im Stall und auf dem Felde helfen musste, deshalb immer wieder die Schule geschwänzt habe und schließlich als hoffnungsloser Fall in der Schule sowieso nicht mehr viel verpasste. So klopfte es manchmal an der Klassentür, der Lehrer sah nach und sagte, wenn er zurückkam: „Albert, pack deine Sachen, du kannst gehen". Das bedeutete, dass ich für diesen Tag von der Schule suspendiert und damit für die Feldarbeit freigestellt war. Vor der Schule wartete dann eines unserer Pferde- oder Ochsengespanne mit einigen Leuten und ab ging es aufs Feld zum Rübenhacken und Rübenverziehen, Unkrautrupfen oder was je nach Wetter und Jahreszeit auf dem Feld zu tun war. Meine Schularbeiten wurden, wenn überhaupt, oft erst des Abends bei Kerzenlicht gemacht, weil in der Nachkriegszeit Stromsperren zur Tages- oder besser zur Abend- und Nachtordnung gehörten. Vielleicht macht mir deshalb heute noch das allgemein als romantisch gepriesene Dämmerlicht bei Kerzenschein mehr Unbehagen als Freude, erinnert es mich doch zu sehr an die unbehaglichen Zeiten von damals. Deshalb geht mir nichts über ein schönes und vor allem sehr helles elektrisches Licht, wenn es draußen dunkel wird.

Nach dem Abschluss meiner unrühmlichen Volksschulkariere 1951 bin ich, wie das auch später immer in meinem Lebenslauf stand, als Hilfskraft im elterlichen Landwirtschaftsbetrieb tätig geworden, was ich ja auch schon vorher als Volksschüler war. Nur schloss sich jetzt die Berufsschule in Schlotheim an, die ich zusammen mit einigen meiner alten Klassenkammeraden besuchte, von denen ich in der fünften Klasse getrennt wurde. Sie waren wie ich aus der Volksschule entlassen worden, gingen von nun an wieder mit mir zur Schule und saßen wie ehemals mit mir in einer Klasse. Heimlicher Stolz erfüllte mich, denn mein Sitzenbleiben schien jetzt getilgt oder war irgendwie vergessen gemacht, da ich sie wieder eingeholt hatte. Nur die Berufschule habe ich dann auch sehr oft geschwänzt, bis ich am Ende nur noch mit Abwesenheit geglänzt habe. Denn das Schwänzen der Berufschule hatte denselben Hintergrund wie vorher in meiner Volksschulzeit. Das hatte trotz der damals schon existierenden Schulpflicht in meinem Falle keine Konsequenzen, obgleich bei der Zeugnisvergabe immer wieder auf eine wohl zu große Zahl von entschuldigten wie unentschuldigten Fehltagen verwiesen wurde und wozu ich als Schuldiger befragt wurde. Mir ist das in sehr unangenehmer Erinnerung geblieben, obgleich ich es wie vieles anderes, was mich geschmerzt hat, inzwischen schadlos verwunden habe.

Der Kutscher ohne Lohn mit seinen Ackerpferden

Als unsere Familie 1953 wegen Schwarzschlachtung und Wirt-schaftssabotage des Kreises verwiesen wurde und aus dem Kreis Sondershausen (jetzt Unstrut-Hainichkreis) in den Kreis Bad

Langensalze nach Aschara umsiedelte, wo mein Stiefvater einen kleinen Bauernhof gepachtet hatte und bewirtschaftete, war ich quasi ohne Entlassung, weil verzogen, aus der Berufschule ausgeschieden. Damit war ich all meiner schulischen Verpflichtungen entbunden. In Aschara arbeitete ich wie auch schon vorher wieder als Hilfskraft und Mädchen für alles im elterlichen Hof und hatte das tägliche Einerlei als Knecht ohne Lohn.

In meinem späteren Leben empfand ich immer viel Mitgefühl für Schüler, die wie ich so ihre Probleme in der Schule hatten, nicht versetzt oder gar auf die Hilfs- oder Sonderschule geschickt wurden. Die Schüler, die sich nach der Zeugnisvergabe aus Angst und Verzweiflung nicht mehr nach Hause trauten oder gar Selbstmord begingen, hatten und haben nach wie vor mein besonderes Mitgefühl. Denn wie viel Leid dazu bis heute jedes Jahr immer wieder im Verborgenen erfahren wird, bleibt weitgehend unbeachtet. Schließlich ist Deutschland jetzt zu Beginn des 21. Jahrhunderts in der Zeit der ersten und zweiten PISA-Studie[4] Weltmeister im Sitzenbleiben und hat unrühmliche Schlagzeilen, was die schulischen Leistungen seiner Schüler betrifft. Deshalb frage ich mich, ist das die Schuld der Schüler, der Lehrer, der Verwaltung oder warum funktioniert das in anderen Ländern allem Anschein nach viel besser als bei uns. Entweder ist unser Schulsystem trotz der vielen Reformen so antiquiert, damit soviel schlechter als das anderer Länder oder sind die deutschen Schüler soviel dümmer? Konsequenterweise wird an deutschen Schulen auch noch nach der altbewährter Methode mit „Daumen rauf" für versetzt und „Daumen runter" für sitzen bleiben selektiert. Wir haben ein Schulsystem, das nach Schwächen fahndet

---

[4] Program for International Student Assessment (PISA)

und aussiebt, es ist dem Sortieren von Kartoffeln vergleichbar und erfolgt hierarchisch:

1. Die größten und besten Kartoffeln, die als Esskartoffeln taugen, sind den Schülern entsprechend, die sich fürs Gymnasium eignen.

2. Die etwas kleineren und mittelgroßen Kartoffeln, die als Saatkartoffeln klassifizierten werden, entsprechen den Schülern, die für die Realschule taugen.

3. Die kleinen und angeschlagenen oder von Engerlingen und Würmern angefressenen Kartoffeln, die als Schweinskartoffeln aussortiert und zur Schweinemast verwendet werden, gleichen den Haupt- und Sonderschülern.

Die Beziehung von Schülern und Lehrern hat sich jedoch in den letzten Jahren insofern gewandelt, als an manchen Schulen rebellische Schüler sogar ihre Lehrer bedrohen und ihnen Angst machen. Diese Entwicklung begründet sich sicherlich nicht alleine in dem immerwährenden Aufbegehren der Jungen gegen die Alten und verheißt nicht viel Gutes. Zu meiner Schulzeit kann ich jedenfalls resümierend sagen: Die Besseren waren immer die anderen, und eine EINS gibt es wohl nur für den lieben Gott und den Lehrer selbst.

2. Kapitel: Weg von zu Hause

Immer mehr hatte ich das Einerlei auf unserem Bauernhofe satt und wollte weg von zu Hause, nur war das leichter erträumt als verwirklicht, wie sich noch zeigen sollte. So verplemperte ich eine ganze Weile in Aschara, bis mir meine Mutter irgendwie eine Stelle als landwirtschaftlicher Lehrling auf dem Staatsgut in Sambach bei Mühlhausen besorgte. Dort habe ich als Lehrling angefangen, ohne zu erkennen, dass ich damit eine große Chance hatte, mein Vorleben als Sitzenbleiber wettzumachen. Denn jetzt ging ich ohne jedwede Diskriminierung zur Berufsschule, erfüllte eine ganze Weile die an mich gestellten Anforderungen und hätte eine landwirtschaftliche Lehre abschließen können. Aber veranlasst durch schlechte Beratung bei einigen vermeintlichen Ungerechtigkeiten, die mir in Sambach widerfahren waren, und vor allem, weil ich nicht kapierte, dass diese Lehrstelle eine gute Alternative zu allem anderen war, was sich mir sonst bot, schmiss ich nach ein paar Wochen alles wieder hin. Zu Hause dämmerte mir mit der Zeit, dass ich wohl einen großen Fehler gemacht hatte, der nicht rückgängig zu machen war. In Aschara wollte ich in der neu eingerichteten MTS (Maschinen-Traktorenstation) als Treckerfahrer anfangen, bekam aber keine Zustimmung von meinen Eltern, weil bei der MTS zu viel gesoffen wurde, wie es hieß. Überhaupt wurde bei uns in der Familie alles, was mit der neuen sozialistischen Welt und insbesondere mit der Kollektivierung der Landwirtschaft in irgendeinem Zusammenhang stand, herabgewürdigt und abgelehnt. Diese Ablehnung, mit der ich mich auch identifizierte, muss wohl so auffällig gewesen sein, dass sie bei der STASI aktenkundig wurde. Denn in einem Bericht meiner STASI-Akte heißt es dazu wörtlich: „Alles in allem möchte ich einschätzen, dass es die beiden

Eltern verstanden haben, alle 4 Kinder von unserer soz. Landwirtschaft fernzuhalten, obwohl beide Elternteile seit Generationen Bauern waren", gez. Gasmann. Über einen Anwalt habe ich schließlich auch die reale Identität des IM Gasmann erfahren, die ich aber niemandem preisgegeben habe, da seine Berichterstattung mehr moderat als bösartig war.

Meine relative Aussichtslosigkeit auf ein lustiges Leben in der Fremde und meine Abenteuerlust waren es wohl dann, die mir die Fremdenlegion als hoffnungsvolle Alternative zu meinem täglichen Einerlei in Aschara erscheinen ließ. Denn die Fremdenlegion war in den frühen und mittleren fünfziger Jahren des vergangenen Jahrhunderts ein immer wieder aktuelles Gesprächsthema bei jungen Leuten und wurde schließlich zu meinem heimlichen Interesse. So sann ich mir aus, leise zur damals nächsten Rekrutierungsstelle nach Straßburg in den Elsass zu verschwinden, um dort mein Glück als Legionär zu versuchen. Denn bei der Fremdenlegion wurde, wie ich das zu wissen glaubte, weder nach dem Abschlusszeugnis der Volksschule gefragt noch wurde in der Vergangenheit eines Bewerbers gegraben, der sonst als körperlich tauglich erschien. Deshalb meinte ich für die Aufnahme in die Fremdenlegion alle Voraussetzungen zu erfüllen. Mir schwebte vor, dass ich mich für die Vertragszeit von fünf Jahren als Legionär verpflichtete und mich danach mit einem großen Batzen Geld in Paris wieder fände, wenn ich die Zeit heil überstehen sollte. Der angeblich verlockend hohe Sold bei der Fremdenlegion werde zu einem großen Teil über die Laufzeit der fünf Jahre aufbewahrt und bei der Entlassung zusammen mit einer Abfindung ausgezahlt. Dieser imaginäre Batzen Geld war mein Anreiz. Die Aussicht darauf, dass ich dieses Abenteuer eventuell nicht überleben würde, erschien mir nicht so bedrohlich, dass ich deshalb davon abgelassen hätte.

In der Fremdenlegion landete ich zu meinem Glück nicht, dennoch fesselte sie mich mein Leben lang; ich nahm alles, was ich über sie erfahren konnte, begierig auf. Als ich später in Saarbrücken-Güdingen bei einer Stahlbaufirma als Elektroschweißer arbeitete, hatte ein Arbeitskollege meine große Bewunderung, der als Fremdenlegionär in Indochina gekämpft und alles heil überstanden hatte. Ich versuchte möglichst immer in seiner Nähe zu sein und konnte nicht genug von seinen Erlebnissen als Legionär erfahren. Dazu habe ich bis jetzt keinen Film und keinen Zeitungsbericht über die Fremdenlegion ausgelassen, der mir zugänglich war, und auch gegen alle Vernunft tut es mir etwas leid, dass ich die Fremdenlegion nicht selber erlebt habe.

Aber zurück nach Aschara anno 1955/56. Tag für Tag erfüllte ich als gelehriger Knecht meine Pflicht auf dem Bauerhof bei meinen Eltern, träumte von der weiten Welt, als mein Leben plötzlich eine unerwartete Wende zu nehmen begann. Denn unser Besamungstechniker, ein sehr gefälliger junger Mann, der wusste, dass ich von zu Hause weg wollte, sagte mir eines Tages, dass auf der Besamungsstation in Erfurt Leute gesucht würden, die zum Besamungstechniker ausgebildet werden sollten. Dagegen hatten meine Eltern keine Einwände, wie ich das in Erinnerung habe, und so bewarb ich mich bei der VEB-Tierzucht in Erfurt zur Ausbildung zu diesem Beruf. Den Tag meiner Vorstellung habe ich noch als unerträglich aufregend im Gedächtnis. Ich wurde angenommen und konnte am 2. Mai 1956 meinen Dienst als Lehrling auf der Besamungsstation nahe der Sulzer-Siedlung von Erfurt-Nord antreten. Obgleich ich eigentlich mit der Landwirtschaft und der landwirtschaftlichen Tierzucht nichts mehr zutun haben wollte, habe ich mich in mein neues Schicksal gefügt und erst einmal im Bullenstall angefangen, Dienst zu tun. Denn weg von zu Hause zu sein war mein größter Wunsch, Weiteres würde sich dann schon finden, wie ich dachte; nur was sollte sich finden, wenn man weder Beruf noch Zeugnisse vorzuweisen hat? Somit habe ich meine praktische Ausbildung auf der Besamungsstation der Reihe nach mit Bullenstall, Labor, KFZ-Werkstatt, Büro und Außendienst durchlaufen, bis ich am Ende zum Besamungslehrgang nach Berlin Schönow geschickt wurde. Zwischendurch habe ich mich noch dadurch verdient gemacht, dass ich mit Pickaxt, Spaten und Schaufel das Gelände um die neu gebaute Station planiert habe oder auch sonst eingesprungen bin, wo Hilfe vonnöten war. Denn ich wollte mit Gefälligkeit und Fleiß meine schwachen Seiten kompensieren, was mir auch gelungen ist.

Auf der Besamungsstation gefiel es mir recht gut, denn ich hatte einen zeitlich umrissenen Dienst mit viel Freizeit, abwechselnd ganze Wochenenden frei und verdiente mein eigenes Geld. Die Abschlußberichte zu den verschiedenen Arbeits- und Ausbildungsbereichen schrieb mir meine Mutter vor, nach dem ich ihr berichtet hatte, was zu machen war und worauf es dabei ankam. Nicht einmal bei meiner Büroarbeit bin ich aufgefallen. Denn dort musste ich nur die Daten der vom Außendienst eingeschickten Besamungsscheine auf Karteikarten übertragen. Auf jeder Karteikarte waren oben quer die Buchstaben des Alphabetes aufgedruckt, und so konnte ich mit Leichtigkeit die nach Alphabet geordneten Karteikarten mit Orts- und Bauernnamen finden und wieder einsortieren. So habe ich nebenbei das Alphabet rückwärts und vorwärts auswendig gelernt.

Über meine tägliche Arbeit musste ich ein Arbeitstagebuch führen, was in unregelmäßigen Abständen von meinen Vorgesetzten kontrolliert und abgezeichnet wurde. Das hatte zu Folge, dass ich aus Gewohnheit auch nach meiner Ausbildung noch über weitere sieben Jahre sehr regelmäßig Tagebuch geführt habe, bis ich bemerkte, dass zuerst eine meiner Vermieterinnen und dann auch meine Frau die verschlossenen Tagebücher heimlich gelesen hatten. Deshalb und aus anderen Gründen erscheint es mir inzwischen sehr fragwürdig, ein privates Tagebuch zu führen, denn einerseits ist es dumm, Geheimnisse zu Papier zu bringen, andererseits nicht ganz unbedenklich, wenn man wie ich Anmerkungen über die Grundausbildung, die ich 1958 bei der Volksarmee in Leipzig abgeleistet habe, heimlich in einem Tagebuch niederschreibt. Denn eine solche Dokumentation, die auch kleine Begebenheiten am Rande erfasst, hätte zum Zeitpunkt der Aufzeichnung vielleicht als Vorwurf für einen Spionageverdacht gereicht, interessierten aber später weder den Schreiber noch sonst irgendjemanden, geschweige denn irgend eine Spionageabteilung.

Die Ausbildung im Innendienst der Station ging zu Ende und das Arbeitstagebuch wurde durch ein Besamungstagebuch ersetzt, das neben den Besamungsscheinen als Unterlage für die täglich zu erledigten Besamungen diente. Abgesehen davon, dass ich schon immer ungern geschrieben habe, geriet ich erneut in die Lage, bei verschiedenen Gelegenheiten nicht zu wissen, was wie geschrieben wird. Da waren die Namen der Kühe, Lene mit oder ohne h? Blässe oder Bläß, mit einem s, doppeltem s oder mit ß? Bei den Vornamen der Bauern war es nicht viel besser: Gustav und Alfons, wer mit f und wer mit v, und so weiter und so weiter. Dazu kam noch die praktische Durchführung der Besamung, die damit verbunden war, dass man mit der bloßen Hand in den Mastdarm der Kuh fassen musste. Denn durch den Mastdarm, der sehr elastisch und flexibel ist, kann man die Gebärmutter umfassen und die durch die Scheide geschobene Besamungspipette in die Gebärmutter leiten, um dort den Samen zu deponieren. Einerseits war es damals unendlich ekelerregend für mich, mit der bloßen Hand in den Kuhmist zu fassen, andererseits ist die technische Manipulation der instrumentellen Samenübertragung nicht leicht zu erlernen. Die technischen Schwierigkeiten, die am Anfang jeder damit hat, der das Besamen lernen will, in Verbindung mit meiner Aversion dazu, haben mich fast zur Verzweifelung gebracht, und so wollte ich erneut aufgeben. Dennoch habe ich das Besamen gelernt, was ich alleine meinem verehrten alten Lehrmeister Helmut K. in Gebesee zu verdanken habe, der mich mit großer Geduld unterwies, bis ich es konnte. Denn mit dem Besamen ist es ähnlich wie mit dem Fahrradfahren: Was anfangs nicht gelingen will, geht plötzlich wie von alleine, wenn man den „Dreh erst einmal raus hat". Dabei sahen es die Bauern gar nicht gerne, wenn so ein Lehrling sehr ungeschickt und lange in seiner Kuh herumfummelte und nicht selten dabei etwas Blut floss.

Nachdem ich das Besamen einigermaßen erlernt hatte, ging es im Februar 1957 nach Berlin-Schönow zu einem sechswöchigen Grundausbildungslehrgang für Besamungstechniker. Dort habe ich mit der Unterstützung meiner Klassenkammeraden den Lehrgang mit willigem Einsatz und großem Eifer erfolgreich beenden können. Bruno, der zusammen mit mir in Erfurt angefangen und damals wohl als zweitbester Berufsschüler in seinem Heimatkreis auf dem Thüringerwald abgeschlossen hatte, hat sich in dieser Zeit sehr um mich verdient gemacht. Unsere

Freundschaft beruhte darauf, dass ich in ihm jemanden hatte, der mir half, wenn es um Theoretisches ging, während er so etwas wie einen Beschützer an mir hatte, wenn wir auf den Dörfern um Erfurt-Nord und in der Sulzer-Siedlung, wo wir auch wohnten, zur Kirmes gingen oder bei anderen Veranstaltungen unser Vergnügen suchten. Denn Bruno war ein schmächtiger, sehr fixer Bursche, der gerne tanzte, dabei manchmal wegen eines Mädchens Probleme mit anderen Burschen kriegte und dann nach mir schrie, wenn er in Bedrängnis geraten war. Ich dagegen konnte gar nicht tanzen, bildete mir einiges auf meine Kraft und mein Talent als Boxer ein und habe dann einige Mal auf meine Weise zur Schlichtung von Handgreiflichkeiten beigetragen. In unserer Berliner Zeit hatten wir dagegen keinerlei Probleme wegen irgendwelcher Rüpeleien mit anderen, denn unser Interesse galt damals dem Besuch von Westberlin, wohin wir von Zepernick aus mit der S-Bahn bis Gesundbrunnen fuhren, um dort bummeln zu gehen. Denn mit unserem DDR-Ausweis konnten wir für den Vorzugspreis von 50 Pfennig Westgeld ein Kino besuchen, wenn ich den Preis richtig in Erinnerung habe. Dort sahen wir die neuesten Western und andere Filme, denen ich über die Jahre bis heute manchmal im Fernsehen wieder begegnet bin und mich daran erinnere. Überhaupt war für uns Provinzler Westberlin das Erlebnis schlecht hin, wo es fast überall nach Bohnenkaffe duftete und wo sich die Schaufensterauslagen allem Anschein nach bis in die Unendlichkeit erstreckten.

Lehrgangsteilnehmer an der Technikerschule in Berlin-Schönow

In Schönow habe ich mich damals, wie alle anderen Lehrgangsteilnehmer, an den als freiwillig deklarierten, aber eigentlich
obligatorischen Arbeitseinsätzen zur Verschönerung des Dorfes
beteiligt und im „Alten Dorfkrug" beim Bier schöne Abende
verbracht. Denn wir Besamungsanwärter waren ein aus allen
Teilen der ehemaligen DDR bunt zusammengewürfelter Haufen,
der sich untereinander was zu erzählen hatte und wo ich mich
als jüngster und geringster Kandidat mit 19 Jahren sehr wohl
gefühlt habe. Am Ende des Lehrganges und nach bestandener
Abschlussprüfung zog ich nur ungern und mit Wehmut von dannen, denn neben allem, was ich in Berlin erlebt hatte, war es die

Zugehörigkeit zu einer Gemeinschaft, die sich jetzt wieder auflöste und um die es mir sehr leid tat. Dennoch bin ich mit gestärktem Selbstbewusstsein und als Sieger heimgefahren; hatte ich doch endlich ein Zeugnis zum Vorzeigen.

Am Kriegerdenkmal in Schönow nach einem Arbeitseinsatz mit Bruno ganz oben

In Erfurt wurde ich auf der Besamungsstation danach mit einem Motorrad, Rucksack und allem Instrumentarium für die Besamung ausgerüstet und als so genannter „Rucksackbulle" auf die Rinder im Bezirk Erfurt losgelassen. So besamte ich zuerst als

Vertretungstechniker in der Umgebung von Ebeleben und den Engelsdörfern bei Ebeleben, um danach kreuz und quer im Bezirk Erfurt einzuspringen, wenn ein Besamungstechniker irgendwo krank war oder Urlaub hatte. Mit diesem Los war ich einigermaßen zufrieden, obwohl ich mit der Landwirtschaft und mit Viechern im Grunde lieber nichts mehr zu tun haben wollte. Ich hatte ein für die damalige Zeit tolles Motorrad als Dienstfahrzeug, eine Touren-AWO, konnte mir meine Arbeitstage im Außendienst einrichten, wie ich wollte, hatte mit vielen Leuten zutun und als Bauernjunge keine Probleme, mit Bauern umzugehen. An die Schwierigkeit, bei jeder Besamung mit der bloßen Hand in den Kuhmist fassen zu müssen, hatte ich mich inzwischen gewöhnt; so freundete ich mich immer mehr mit meiner Aufgabe an. Dennoch träumte ich auch weiterhin davon, irgendwann in der Zukunft noch etwas Besseres und Schöneres für mich zu finden, nur was, wusste ich nicht. Sehr hart ist es mir aber erst noch angekommen, als ich für einen Einsatz in der Ziegenbesamung nach Weißensee abgestellt wurde und im Winter 1957/58 auf dem Thüringer Wald in Stadtilm Vertretung fahren musste. So hatte ich bei manchmal sehr schlechtem Wetter mit dem Motorrad gegen Regen, Kälte und Schnee anzukämpfen und war dazu in einer kalten Bude einer Kneipe von Stadtilm untergebracht. Danach musste ich die Besamungstour von Arnstadt als Vertreter übernehmen, die damals wegen häufigen Technikerwechsels sehr vernachlässigt worden war, was mir jedoch am Ende sehr zustatten kam. Denn der ursprüngliche Stammtechniker war in den Westen geflüchtet und wurde durch einen älteren Kollegen ersetzt, der sein Handwerk wohl sehr gut verstand, wie es hieß, aber wegen seiner Alkoholprobleme letztendlich ausschied. Dessen Nachfolger war ein junger Mann, der oft an den Wochenenden keinen Dienst tat und irgendwann einfach wegblieb; Weibergeschichten hieß es damals, und so kam ich dann als Vertretungstechniker aus Verlegenheit nach Arnstadt. Zuerst mit Skepsis und Misstrauen beäugt, erwarb ich mir jedoch dadurch, dass ich dienstbeflissen und gefällig war, an Werktagen, wie an Sonn- und Feiertagen pünktlich meinen Dienst erfüllt habe, etwas an Sympathien. Die Folge war, dass ich schließlich dem Besamungskreis Arnstadt als Stammtechniker zugewiesen wurde, was ich als große Anerkennung empfand.

In Arnstadt habe ich mich daraufhin erst einmal auf die Ewigkeit eingerichtet, hatte mein Zimmer als Untermieter und war Mitglied in einer Brigade von älteren und sehr gefälligen Kollegen. Zu ihnen blickte ich ehrfurchtsvoll auf, weil sie mit Berufsabschlüssen wie z. B. „Staatlich geprüfter Landwirt" und ihrer umfangreichen Berufserfahrung als Besamungstechniker mir vieles voraushatten. Helmut, unser Brigadier, betreute den Besamungskreis Stadtilm, Kurt den Kreis Ilmenau, und Roland, in Rudolstadt zu Hause, war unser Vertreter. Außer an meine tägliche Arbeit, die Besamung von manchmal nur drei oder vier Kühen bis über zwanzig an einem Tag in den Dörfern um Arnstadt, erinnere ich mich sehr gerne an die Zusammenkünfte unserer Brigade zum Zwecke der Monatsabrechnung. Denn an jedem Monatsende mussten alle Besamungszahlen, die Finanzen, die gefahrenen Kilometer, das Spritgeld, die Arbeitstage mit Sonn- und Feiertagen zusammengestellt und abgerechnet werden. Dazu verabredeten wir uns immer an einem Ort, wo gerade etwas los war und übergaben unsere vorbereiteten Abrechnungen unserem Brigadier Helmut, der die Unterlagen an Ort und Stelle nachprüfte, bevor wir zum gemütlichen Teil übergingen. So saßen wir dann zuerst immer irgendwo im Hinterzimmer einer

Kneipe oder an einem Tisch in einer ruhigen Ecke, erledigten unseren Papierkram und mischten uns danach unter die Bauern, wo gerade Kirmes war, oder wir gingen zum Wollmarkt[5] nach Arnstadt, wenn das zeitlich zusammentraf.

So wurden unsere monatlich stattfindenden Abrechnungstermine meistens auf einem Dorf in der Umgebung von Arnstadt oder irgendwo auf dem Thüringer Wald zwischen Stadtilm und Ilmenau abgehalten. Mit Unbehagen erinnere ich mich jedoch auch noch daran, dass ich ein paar Mal Probleme hatte, heim nach Arnstadt zu finden, wenn wir uns in fremden Revieren verabredet hatten. War der Hinweg zum verabredeten Treffpunkt mit dem Motorrad bei Schnee schon manchmal beschwerlich, so war es der Heimweg nach einer ausgiebigen Feier erst recht, denn mit dem zusätzlichen Handikap einer klinisch manifesten Alkoholintoxikation gestaltete sich die Heimfahrt manchmal zu einer abenteuerlichen Unternehmung. Die juristische Tatbeschreibung „Alkohol am Steuer" und die Bezeichnung „Promillegrenze" existierten noch nicht, und so oder so sind meine Missetaten damals weder entdeckt noch geahndet worden.

Ein für mich sehr bedeutungsvolles Zusammentreffen war damals jedoch irgendwo in oder bei Ilmenau. Denn nach der Übergabe unserer Monatsabrechnungen und der Besprechung anliegender Probleme hatten wir geplant, uns in eine Studentenfete der Technischen Universität einzuschleichen. Kurt, der sich in Ilmenau auskannte, wusste von der Fete und hatte vorgeschlagen, dort einmal hinzugehen. Also schwang sich jeder auf sein

---

[5] Der Arnstädter Wollmarkt ist ein über Arnstadts Grenzen hinaus sehr populäres Volksfest, das in dem 1850 erstmal abgehaltenen Markt für Schafwolle seinen Ursprung hat (Festschrift zum 150. Arnstädter Wollmarkt).

Motorrad, und Kurt geleitete uns durch Ilmenau zur Technischen Universität. Dort angekommen standen wir jedoch vor verschlossen Türen, so dass wir erst nach langem Suchen ein offenes Kellerfenster fanden, wo wir einstiegen. In langen Gängen mit spärlicher Notbeleuchtung und Heizungsrohren an der Decke irrten wir offenbar im Heizungskeller umher, bis wir Geräusche hörten, denen wir treppauf folgten. Schließlich befanden wir uns zu schon vorgerückter Stunde und bei halbdunkeler Beleuchtung zwischen unendlich vielen tanzenden jungen Leuten. Keiner schien zu merken, dass wir nicht dazugehörten und während meine Kollegen auch zum Tanzen ausschwärmten, landete ich in einem Raum, der als Bar hergerichtet war, am Tresen, trank mein Bier, gab meinen Nachbarn einen aus und hörte zu, was Studenten, zu denen ich ehrfurchtsvoll aufschaute, so zu erzählten hatten. Einen besonderen Eindruck hat dabei eine Unterhaltung zweier Studenten bei mir hinterlassen, die ich als ganz schön betrunken in Erinnerung habe und von denen der eine seine hoffnungslose Situation beschrieb, nachdem er eine wichtige Mathematikarbeit verpatzt hatte. Der arme Kerl war allem Anschein nach in Weltuntergangsstimmung, während ich gebannt zuhörte und mir wünschte, einmal im Leben auch solche Sorgen zu haben. Unrealistisch, wie ich damals war (vielleicht immer noch bin), ist das bei mir zur fixen Idee geworden, und so habe ich danach immer wieder darüber nachgedacht, wie ich einmal ein richtiger Student werden oder sein könnte.

Ich hatte in Arnstadt nichts auszustehen, machte meine Arbeit, ging regelmäßig im Arnstädter Boxclub zum Training und genoss es über die Maßen, wenn wir nach dem Training in unsere Kneipe kamen und ich manchmal leise vernehmen konnte, dass am Nachbartisch von uns als den Boxern die Rede war. Meine damaligen boxerisch herausragenden Fähigkeiten bestanden jedoch nur darin, dass ich zwar mit viel Kraft zuschlagen konnte, aber zu selten traf, dafür hatte ich jedoch große Nehmerqualitäten. Diese bescheinigte mir unser Trainer mehr spöttisch als anerkennend und bemerkte noch dazu, dass ich auch nach schweren Treffern wie ein Ochse weiter nach vorne stürme anstatt auszuweichen. Geblieben sind mir aus dieser Zeit ein par kleine Narben an meiner Oberlippe, unterschiedlich schöne Erinnerungen und vor allem ein Spruch, der wohl für Boxer besonders zutrifft und mir auch als Lebensweisheit in Erinnerung geblieben ist, nämlich: „Jeder findet irgendwann seinen Meister". So hat es mich manchmal getröstet, wenn ich beim Boxen unterlegen war und mein Bezwinger danach irgendwann auch seinen Meister fand und einen Kampf verlor.

In Arnstadt sah es nicht danach aus, dass ich mit dem Boxen zu Ehren kommen würde. Außerdem hatte ich immer wieder Probleme mit meinem verstauchten Daumen an der rechten Hand, was mir bei der Arbeit Schwierigkeiten bereitete, so dass ich mit dem Boxen erst einmal Schluss machte. Dazu verlagerte sich mein Interesse immer mehr nach Erfurt auf meine Dienststelle, wo ich auf die weiblichen Büroangestellten und Laborantinnen ein Auge hatte, zu denen noch zwei Fachschulabsolventinnen gekommen waren, denen dabei mein besonderes Interesse galt. Sie interessierten mich in zweierlei Hinsicht, zuerst einmal weil Inge und Ilona nach meinem Geschmack zwei hübsche junge Mädchen waren und dann noch, weil sie als ehemalige Fachschulstudentinnen auch sicherlich Interessantes von ihrer Fachschulzeit zu erzählen wüssten. Deshalb habe ich versucht, mich beiden anzunähern, was mir gelungen ist, da sie damals in Erfurt offenbar noch niemanden kannten. Ich hatte das Privileg, mit beiden auszugehen, konnte die Zeche bezahlen, hatte aber kein Glück, wenn ich versuchte, intim oder handgreiflich zu werden. Dennoch waren sie ein Glücksfall für mich, weil ich bei meinem Wunschtraum von einem Studium in ihnen kompetente Beraterinnen und schließlich auch Verbündete gefunden hatte.

In dieser Zeit war mir jeder Umstand oder Vorwand recht, nach Beendigung meiner Besamungstour von Arnstadt nach Erfurt auf die Besamungsstation zu fahren, wo ich mich im Kulturraum hinter der Bühne einnistete und manchmal übernachtete. Der Kulturraum stand das ganze Jahr bis auf selten stattfindende Belegschaftsversammlungen leer, während ich nicht ein einziges Mal erlebt habe, dass etwas auf der Bühne stattgefunden hätte. Hinter einem schweren Bühnenvorhang war soviel Platz, dass ich mir ein Bett, einen Tisch und andere Möbel zusammenstellte und dort unbehelligt hausen und übernachten konnte. Alles andere wie Toiletten, Dusche, Küche, Aufenthaltsraum und was man sonst noch braucht, war auf der neu gebauten Station vorhanden und bestens eingerichtet. Im Kulturraum hinter der Bühne habe ich auch eine Weile mietfrei gewohnt, als mein Zimmer in Arnstadt nach einem Urlaub nicht mehr zur Verfügung stand. Fortan habe ich meine Besamungstour in Arnstadt von Erfurt aus betreut. In angenehmer Erinnerung ist mir aus dieser Zeit ein besonders freundschaftliches Verhältnis zu unserem alten Nachtwächter auf der Besamungsstation, der sich damals sehr um mich kümmerte. Morgens nach dem Wecken versorgte er mich mit Kaffe und schaltete abends alles aus, wenn ich bei Licht und laufendem Radio eingeschlafen war. Vielleicht war er ganz froh, dass er des Nachts nicht ganz alleine war und jemanden hatte, wenn sich ein Bulle losgerissen hatte und wieder angebunden oder eingesperrt werden musste. Auch meine Vorgesetzten haben offenbar mit Bedacht toleriert, dass ich mich auf der Station häuslich niederließ, denn außerhalb der Dienstzeit war sonst niemand direkt verfügbar, wenn unverhoffte Extratouren anstanden. So holte ich mit dem Framo (kleiner Lieferwagen der Station) abends einmal einen havarierten Kollegen heim, als dessen Motorrad unterwegs kaputt gegangen war, und sprang ein, wenn außerhalb meines Reviers irgendwo anders noch ein paar Kühe zu besamen waren, weil der zuständige Techniker aus irgendwelchen Gründen nicht gekommen war.

3. Kapitel: Mein korrigierter Schulabschluss und Fachschulbesuch

Durch die zwei neuen Laborantinnen, Inge und Ilona, erfuhr ich viel über das Studium an der Fachschule für Landwirtschaft und Gartenbau in Dresden Pillnitz und das spannende Studentenleben an der Schule. Deshalb reifte in mir der Entschluss, zunächst Fachschüler zu werden. Ich besorgte mir die Anforderungen für die Zulassung zu diesem Studium, die unglücklicherweise an den verschiedenen Fachschulen der DDR gleichlautend waren und die ich nicht erfüllte. Denn für die Zulassung waren das Abschlusszeugnis der Volksschule und der Facharbeiterbrief über eine abgeschlossene landwirtschaftliche Lehre die Voraussetzung. Dazu musste vor Studienbeginn noch eine schriftliche und mündliche Aufnahmeprüfung bestanden werden. Mein Zeugnis als Besamungstechniker wurde weder als Ersatz für einen Facharbeiterbrief akzeptiert noch meine Tätigkeit als Beruf anerkannt. Denn Besamungstechniker war damals so wenig ein abgeschlossener und anerkannter Ausbildungsberuf wie zum Beispiel LKW-Fahrer. Dennoch bewarb ich mich an verschiedenen Fachschulen, schrieb meinen Lebenslauf in Schönschrift und reichte das Besamungszeugnis ein, während ich das fehlende Abschlusszeugnis der Volksschule als verloren gegangen erklärte. In allen Antworten auf meine Bewerbungen wurde darauf verwiesen, dass ich vor Studienbeginn den Nachweis zu einer abgeschlossenen landwirtschaftlichen Lehre erbringen müsste. Doch unerwartet erhielt ich von der Landwirtschaftlichen Fachschule in Mühlhausen eine Einladung zur Aufnahmeprüfung, die ich aber nicht bestand. Nicht genug damit, zu diesem Fehlschlag kam noch die Blamage, dass meine Dienststelle von der Fachschule die Empfehlung erhielt, mich besser in der Praxis zu belassen als zum Fachschulstudium zu delegieren. Weil bis dahin niemand von meinen verborgenen Aktivitäten wusste, war es für mich besonders unangenehm, dass nun alles ruchbar geworden war. Ich hätte nämlich meine Dienststelle im Voraus informieren müssen, weil man in der DDR für ein Studium vom Betrieb, der Partei oder einer anderen offiziellen Organisation zu solchen Exkursen delegiert wurde bzw. werden musste. Da mir aber von Seiten meiner Vorgesetzten keinerlei Maßregelung und auch keine Disziplinarmaßnahmen zuteil wurden, blieb mir nur ein mit der Zeit schwächer werdendes Unbehagen, so dass ich bald wieder anfing, im Verborgenen weiterzumachen.

Zwischenzeitlich hatte ich mich erkundigt, was ich anstellen müsste, um zu einer abgeschlossenen landwirtschaftlichen Lehre zu kommen. Es muss beim Rat des Kreises in Arnstadt gewesen sein, wo man mir riet, an Lehrgängen teilzunehmen, die für Melkerlehrlinge abgehalten werden und mit dem Facharbeiterbrief für Tierzucht abschlossen. Tierzucht war mir als Besamer zum Handwerk geworden, und so bewarb ich mich an der Berufschule in Wippra, Südharz, wo die entsprechenden Lehrgänge liefen. Aufgrund meiner Zulassung und Tätigkeit als Besamungstechniker wurde ich dort problemlos für zwei Lehrgänge zugelassen, die ich zwischen raubeinigen Melkerlehrlingen verbrachte und in angenehmer Erinnerung habe. Da Melker von altersher als Schweizer bezeichnet wurden, war in Wippra auch immer nur die Rede von den Schweizern und Sprüche wie „Schweizerblut ist keine Buttermilch" konnte man manchmal hören, wenn es zu Rüpeleien kam.

Auf die Bestätigung, dass ich für die Lehrgänge in Wippra eine Zulassung hatte, teilte ich der Fachschule in Dresden-Pillnitz zusätzlich zu meiner Bewerbung mit, dass ich bis zum Beginn des neuen Studienjahres im Besitz des Facharbeiterbriefes für Tierzucht sei und das Fachschulstudium dann gerne aufnehmen würde. Denn ich wollte keine Zeit verlieren und nicht verpassen, für das bevorstehende Studienjahr als Bewerber registriert zu sein. Die beiden Laborantinnen waren eingeweiht, sie hatten mir geraten, das so zu machen, und wie sich noch zeigen sollte, war das die richtige Strategie.

Für die Lehrgänge in Wippra hatte ich mir Urlaub genommen, wohnte im Wohnheim der Schule und kam auch mit den schulischen Anforderungen zurecht. Nur an irgend einem Tage fragte der Schulleiter die Klasse, die zwischen 20 und 30 Schüler umfasste, wer die Volksschule in der achten Klasse beendet habe. Um mich herum meldete sich alles, also meldete ich mich zögernd auch. Es wurde durchgezählt und notiert. Bei der Frage, wer in der siebten Klasse entlassen worden sei, meldeten sich noch ein paar Mann. Ich war versucht, meine Falschmeldung mit entschuldigenden Worten richtig zu stellen. Als sich am Ende herausstellte, dass auch noch zwei Kandidaten in der sechsten Klasse entlassen worden waren, wollte ich dem Lehrer am Ende des Unterrichts unter vier Augen meine unkorrekte Angabe aufdecken, habe es dann aber doch gelassen. Ein oder zwei Tage später mussten wir noch einen Fragebogen ausfüllen, in dem neben anderem die gleiche Frage zu beantworten war, nur wollte ich dann nicht mehr zugeben, dass ich gelogen hatte, und so habe ich bescheinigt, dass ich in der achten Klasse der Volksschule mit der Gesamtnote drei entlassen worden sei. Das habe ich danach auch in meinen Lebenslauf aufgenommen und konsequent mein Leben lang bescheinigt, wann und wo immer danach gefragt wurde. Natürlich hat mir diese Notlüge sehr lange ein schlechtes Gewissen bereitet, aber mit der Wahrheit wäre ich weder auf die Fachschule noch auf eine Hochschule gekommen; mit der Zeit habe ich mir immer weniger ein Gewissen daraus gemacht.

Als am Ende des zweiten Lehrganges die theoretische und praktische Prüfung anstand, sorgten sich meine Lehrer bei mir um den praktischen Teil der Prüfung. Denn neben allen anderen Aufgaben wurde das Melken mit der Hand besonders gewichtet, und dass ich es einigermaßen konnte, trauten sie mir nicht zu. Dabei beherrschte ich das Melken aus dem ff vom Vollhandmelken, über das Knebeln, was uns bei der Prüfung verboten war, bis hin zu Strippen. Denn solange ich zu Hause war, musste ich täglich mehrere Kühe melken. Eine Melkmaschine hatten wir damals noch nicht, so dass ich schon als Schuljunge das Melken lernte. Allein das kraftvolle Training fehlte mir, denn Handmelken ist eine über die Maßen schwere Arbeit, die zwar im Sitzen neben der Kuh verrichtet wird, aber fast nur mit der Hand- und Unterarmmuskulatur bewerkstelligt wird. Die Melkerlehrlinge bzw. Schweizer konnten mir gegenüber natürlich mit einem großen Trainingsvorteil antreten, den sie sich während ihrer zwei oder drei Jahre dauernden Melkerlehre erarbeitet hatten. Diesen Vorteil habe ich versucht, mit ein bisschen List wettzumachen. Denn nur, wenn mir die Prüfer zusahen, zeigte ich kraftvolles Vollhandmelken, um mir in unbeobachteten Momenten besonders mit Strippen Erleichterung zu verschaffen. Nach dem restlosen Ausmelken, was nachkontrolliert wurde, hatte ich genügend Schaum auf der Milch, denn nur bei sachgerechtem und zügigem Handmelken entsteht eine dicke Schaumschicht auf der Milch. Am Ende hatte ich die praktische wie theoretische Prüfung mit der Gesamtnote „gut" am 26.08.1958 bestanden, war damit Facharbeiter für Tierzucht und der Verwirklichung meines Traumes ein Stückchen näher gerückt.

Ilona, die eine der zwei Laborantinnen mit Fachschulhintergrund, war aus einem Urlaub im Westen nicht wieder nach Erfurt zurückgekommen, und so unterstützte mich Inge weiterhin. Sie zeigte mir Winkelzüge auf, durch die ich mich ohne Nachteil vor zwei Terminen für die Aufnahmeprüfung drücken konnte, weil ich die schriftliche Prüfung wegen meiner verkümmerten Schreibkünste unbedingt umgehen wollte. Denn wenn man nachweisen konnte, dass man verhindert war zu den Prüfungsterminen zu erscheinen, wurde man bei Studienbeginn nur einer mündlichen Aufnahmeprüfung unterzogen. Darin sah ich meine große Chance. Inge wusste, zu welchen Terminen die Prüfungen anstanden und so war ich zum ersten Termin betrieblich unabkömmlich; ich hatte keinen Vertreter. Beim zweiten Termin war ich zur vormilitärischen Ausbildung in einem Zeltlager auf der Insel Rügen und deshalb verhindert. In Verlegenheit war ich nur auf meiner Dienststelle in Erfurt, als ich nach meiner Pleite mit der Fachschule in Mühlhausen jetzt mit der Fachschule in Dresden-Pillnitz daherkam. Als meine Vorgesetzten jedoch einsahen, dass sie mir das fragwürdige Unternehmen mit der Fachschule nicht ausreden konnten, wurde ich mit den besten Wünschen und der Option auf Rückkehr entlassen. Am Sonntag, den 31.08.1958, habe ich das letzte Mal Kühe besamt und bin am nächsten Tag nach Dresden-Pillnitz abgereist.

Die Fachschulklasse U3 1958/59 in Dresden-Pillnitz

Von der Aufnahmeprüfung hing nun alles Weitere ab; für den Fall, dass ich erneut durchfiele, hatte ich geplant, über Berlin in den Westen zu flüchten. Eine verpatzte Aufnahmeprüfung hätte ich natürlich verschwiegen und die Sache mit der Fachschule zum Vorwand für meinen Ausstieg als Besamungstechniker erklärt, um bei den ehemaligen Kollegen nicht wieder so dumm dastehen zu müssen. Im Westen würde sich alles Weitere finden, und da war ja auch noch die Alternative mit der Fremdenlegion.

Die mündliche Aufnahmeprüfung bestand ich und nach den Feierlichkeiten für die Neuankömmlinge wurde ich der U3 (Unterstufe 3) zugeordnet. Bei der Zuweisung unseres künftigen Klassenzimmers habe ich wachsam darauf geachtet, dass ich möglichst neben einem Mädchen zu sitzen kam, was mir auch bei der Belegung unserer Plätze gelang. Gertrud war von nun an

43

meine rechte Nachbarin, die mir sehr gut gefiel und auch ein sehr kluges Mädchen war. Ich konnte bei ihr abschreiben, auch half sie mir oft mit leisem Vorsagen, nur manchmal hat sie mich hängen lassen, wenn ich sie im Unterricht mit absichtlich wie auch mit unabsichtlich erscheinender Kontaktaufnahme unter der Bank zu sehr belästigt hatte. Hinter vorgehaltener Hand hat sie mir dann flüsternd gedroht: „Hör auf, sonst bläk ich". Ihr und anderen Mitschülern bin ich immer noch dankbar, dass sie mir oft geholfen haben, wenn ich Probleme hatte. Besonders in Russisch war ich auf Gertruds Hilfe angewiesen. So hatte ich vor allem am Anfang meine Probleme und fürchtete im Stillen, wegen mangelhafter Leistung von der Schule verwiesen zu werden, denn die gebotene Fülle an Lehrstoff schien unüberwindlich. Dazu kamen laufend Klassenarbeiten und immer samstags mündliche Einzelbefragung mit Notenvergabe. Die meisten Lehrer habe ich jedoch in gefälliger Erinnerung, die mir offenbar nicht unnötig wehtun wollten, wie ich das damals empfunden und heute noch gut in Erinnerung habe. Bei der Benotung meiner Klassenarbeiten hatte ich oft ein Minus hinter der Note, was ich eher als Plus verstanden habe, denn lieber eine 3- als ein 4+ oder 4 usw. Nur unser Biologielehrer Herr R., dem ich die Fairness uns Schülern gegenüber nicht absprechen möchte, hat mir vor unserer Abreise in die Weihnachtsferien empfohlen, nach den Ferien wegen meiner schwachen Leistungen nicht wieder zurück zur Schule zu kommen. Ich glaube nicht, dass er im Auftrag des Lehrerkollegs gehandelt hat, denn er war nicht unser Klassenlehrer. Ich machte aber nach Weihnachten einfach weiter. Schließlich kam ich immer ein bisschen besser zurecht und hatte im Jahresabschlusszeugnis als schlechteste Note eine 4, was immerhin noch als ausreichend für das Fach Russisch stand. In der U3 habe ich einige meiner großen Wissenslücken kleiner machen können und hatte am Ende dazu noch ein weiteres Zeugnis zum Vorzeigen.

Als Volksarmist zur Grundausbildung in Leipzig

Neben dem Fachschulbesuch wurden wir, die wir tauglich waren, in der Zeit vom 16.10. bis 13.11.1958 nach Leipzig zur Volksarmee eingezogen und vereidigt. Obgleich ich damals ganz und gar gegen diese „freiwillige" Kasernierung und Vereidigung war, hat mir der Drill bei der Volksarmee nicht geschadet. Äußerst zuwider war mir jedoch das Exerzieren und Griffeklopfen am Karabiner. Viel lieber habe ich mich dagegen im Gelände oder beim Sport ausgetobt, denn mit Kraft und Ausdauer konnte ich mich hervortun und Punkte sammeln. So hatte ich dann auch die Ehre, die vierte Kompanie, zu der ich gehörte, beim Regimentssportfest auf der Sturmbahn zu vertreten. Ich erinnere mich jedoch nicht, dabei oder irgendwo anders etwas gewonnen zu haben. Es gibt eben meist oder fasst immer andere, die besser sind. Dagegen wurde ich beim Exerzieren mehrfach wegen undiszipliniertes Verhaltens gerügt und musste deshalb Toiletten reinigen oder nach Dienstschluss die halbe Nacht Kartoffeln schälen.

Den Abschluss des ersten Studienjahres auf der Fachschule in Dresden-Pillnitz hatten wir im Rahmen eines landwirtschaftlichen Praktikums in der LPG-Borthen bei Pirna vom 1. bis 25.07.1959 abzuleisten. Auch wenn wir dort nur als billige Arbeitskräfte oder Erntehelfer ausgenutzt wurden, so war unser Aufenthalt dort sehr angenehm. Am letzten Praktikumstag packte ich nach Feierabend meine Sachen, fuhr noch einmal nach Hause und kehrte am 27.07.1959 der DDR den Rücken.

Meine „Republikflucht" begründete sich vor allem darin, dass mich zwei subalterne Beamte, die in Dresden für Reisen ins westliche Ausland zuständig waren, nach meinen mehrfach wiederholten Ersuchen so diskriminierend behandelt haben, dass ich meinte, mir die Reise in den Westen selber genehmigen zu sollen. Ich hatte geplant, in den bevorstehenden Ferien mit dem Motorrad nach Dänemark zu fahren, wohin ich eine Einladung hatte. Als das nicht erlaubt wurde, wollte ich Julia, eine Brieffreundin in Ungarn besuchen, was mir als Individualtourist auch nicht erlaubt wurde. Denn nur organisierte Busreisen konnten damals aus der DDR nach Ungarn gemacht werden, deren Routen jedoch festlagen.   Hätten diese zwei Amtsverwalter versucht, mir die Tour in den Westen mit gefälligen Worten auszureden, wäre ich in der DDR geblieben, denn ich hatte dort nichts auszustehen und wollte es in Pillnitz auf der Fachschule bis zum Staatl. Geprüften Landwirt bringen. Da ich aber nach meiner politischen Überzeugung eher antikommunistisch als kommunistisch eingestellt war und für eine derartige Reglementierung wenig Verständnis hatte, wandte ich mich damals kurzentschlossen dem Westen zu. Von zu Hause in Aschara reiste ich mit dem Zug nach Ostberlin und von dort mit der U-Bahn nach Westberlin, von wo ich nach Hannover flog. Bei der Kontrolle im Nachtzug nach Berlin habe ich vorgegeben, während der gerade begonnenen Ferien einen Schulkameraden in Ostberlin besuchen zu wollen, den ich mit Name und Adresse benennen konnte. Da ich außer einer Tasche mit geschmierten Broten und etwas Kleinkram nichts weiter bei mir hatte, konnte ich problemlos weiterreisen. In der U-Bahn nach Westberlin hatte ich ebenfalls keine Probleme, nur am Flughafen Berlin-Tempelhof kam ich nicht weiter, weil ich als Zonenflüchtling mit meinem DDR-Ausweis nach Berlin-Marienfelde ins Notaufnahmelager gehörte. Weil ich mir jedoch die umständliche Prozedur der Notaufnahme ersparen wollte, kaufte ich ein Hin- und Rückflugticket nach Hannover und behauptete, ich beabsichtigte nur einen Kurzurlaub in der BRD und werde danach wieder in die

DDR zurückreisen. Meinem Flug nach Hannover stand nun nichts mehr im Weg, so dass meine Umsiedlung von Ost nach West ganz unspektakulär verlief. Das Rückflugticket nach Berlin habe ich leichten Herzens verfallen lassen, um im damals so genannten „Goldenen Westen" erwartungsvoll und abenteuerlustig mein Glück zu suchen.

4. Kapitel: Im Goldenen Westen

Bei meiner Ankunft in Hannover am 28.07.1959 hatte ich die Alternativen, mich mit einem Begrüßungsgeld als Urlauber für ein paar Wochen in den Jugendherbergen der BRD über Wasser zu halten, als Flüchtling ins Notaufnahmelager nach Gießen oder Hammelburg zu gehen oder nach Arbeit zu suchen. Mit letzterem habe ich gleich in Hannover angefangen, aber nichts gefunden. Denn als arbeitsuchender Besamungstechniker bin ich zwar irgendwie im Institut für Haustierbesamung und Andrologie der Tierärztlichen Hochschule Hannover gelandet, erfuhr aber nur, dass in Niedersachsen Besamungstechniker keine Zulassung für die Durchführung der künstlichen Besamung hatten, denn das war dort, wie in den meisten Bundesländern der alten BRD, allein Sache der niedergelassenen Tierärzte. Dennoch bin ich freundlich aufgeklärt und beraten worden, mein Glück in Schönböken, Schleswig-Holstein oder Neustadt an der Aisch, Bayern zu versuchen, denn nur in diesen beiden Bundesländern durften außer Tierärzten damals auch Besamungstechniker Kühe besamen.

Ohne viel Zeit zu verlieren, bin ich per Autostop gen Süden getrampt; als ich Neustadt an der Aisch erreicht hatte, ging ich gleich zur Besamungsstation, um nach Arbeit zu fragen. Ich hatte Glück, wurde von der Stelle weg angestellt und auf der Station einquartiert. In der Hoffnung, bald wieder als Besamungstechniker tätig sein zu können, habe ich zunächst abwechselnd im Bullenstall und in der Abteilung Landwirtschaft als Treckerfahrer gearbeitet. Meine Stimmung wechselte mit der unterschiedlichen Arbeit, die ich erledigen musste, und ich war froh, dass niemand aus meinem alten Bekanntenkreis sah, wie es mir ging. Die schweißtreibende Heuernte war mir so zuwider wie das tagelange Kalk- und Thomasmehlstreuen (es kann auch Kalkstickstoff gewesen sein) oder die anderen diversen Feldarbeiten. Da ich mich mit den vielen verschiedenen Äckern, die zur Besamungsstation gehörten, nicht auskannte, habe ich beim Kopfdüngerstreuen die Wiese eines Nachbarn gleich mit gedüngt, was mir große Sorge machte, weil Kopfdünger sehr teuer ist und ich nicht wusste was zu meinen Lasten daraus entstehen würde. Der Verwalter, dem ich ein williger und fleißiger Arbeiter war, hat mir angedeutet, dass die Sache wohl im Sande verlaufen würde; so war es dann auch. Nur die Bauern in Neustadt haben sich noch längere Zeit darüber amüsiert, dass die Besamungsstation die Wiesen ihrer Nachbarn gleich mitdüngt und spotteten, dass man sich so etwas gut gefallen lassen könne.

In den noch nicht zu Ende gegangenen Ferien heimlich zurück in die DDR wollte ich nicht, obgleich ich mir im „Goldenen Westen" recht verloren vorkam und Heimweh hatte. Aber nach drei Monaten als Hilfsarbeiter und „Mädchen für alles" konnte ich vom 1. November an wieder als Besamungstechnikern arbeiten. Ein Tierarzt hatte seinen Besamungskreis abgegeben, und von nun an war ich einer von drei Technikern, die ihre Besamungskreise direkt von der Station aus betreuten. Auf Pump kaufte ich mir einen alten VW-Käfer und ließ es mir gerne gefallen, wenn die Bauern, wie sie es von meinem Vorgänger gewöhnt waren, „Herr Doktor" zu mir sagten. Jetzt dachte ich, schade, dass keiner meiner alten Bekannten und Freunde sehen kann, wie gut es mir geht. Denn bildlich gesprochen hatte ich das große Los gezogen, konnte weiter auf der Station wohnen, verdiente nicht schlecht und wurde von den Bauern akzeptiert, obgleich ich, wegen meines Thüringer Dialektes, der Preuße unter ihnen war. Sie versorgten mich das ganze Jahr mit Naturalien (Eier, Wurst, Schinken) und luden mich zum Essen ein, wenn ich gerade in der Mittagszeit oder zu anderen Mahlzeiten zur Besamung ihrer Kühe erschien. Im Winter entpuppte sich manche Besamungsanmeldung als Einladung zum Schlachtessen, wobei mehr aufgetischt wurde, als ich vertilgen konnte, dazu selbstgebrannter Schnaps und Bier ad libitum, so dass ich regelmäßig satt und sehr zufrieden weiterfuhr. Im Herbst, wenn im Neustädter Aischgrund das Wasser aus den Karpfenteichen abgelassen und die Karpfen abgefischt wurden, bestand mein Deputat manchmal aus mehr Karpfen, als ich gebrauchen konnte. Zu Hause habe ich sie mit Zwiebeln in Essigwasser gekocht, bis sie blau schimmerten und in Stücke zerfielen. Als Gegenleistung für die Naturalien und Einladungen zum Essen bemühte ich mich, gute Besamungsergebnisse zu erzielen oder pfuschte den Tierärzten mit Trächtigkeitsuntersuchungen, Diagnosen und Manipulationen bei Kühen mit Fruchtbarkeitsstörungen ins Handwerk. Da ich das als so genannter Laienbesamer natürlich nicht durfte, brandmarkten die Tierärzte meine Bemühungen als Kurpfuscherei, wenn sie davon Kenntnis erhielten, und drohten mit Sanktionen, die aber ausblieben.

Als Besamungstechniker auf der Besamungsstation in Neustadt/ A. mit Kollegen

Meine fixe Idee vom lustigen Studentenleben und mein Übermut haben mich jedoch gegen alle Vernunft wieder verleitet, Bewerbungen an verschiedene Hochschulen der BRD zu schreiben, wo man Landwirtschaft studieren konnte. Denn ich hatte die Notaufnahme als DDR-Flüchtling auf dem administrativen Wege erledigt, war als Bundesbürger legalisiert, hatte die Prüfung als Besamungstechniker erneut abgelegt, da mein Zeugnis von Berlin-Schönow nicht anerkannt wurde, und dachte nun, irgendwie an einer Universität studieren zu können. Mir wurde jedoch auf alle Bewerbungen mitgeteilt, dass ich die Anforderungen für die Zulassung zu einem Hochschulstudium nicht erfüllte und deshalb abgelehnt sei. Damit nicht genug, das Kreiswehrersatzamt Fürth schickte mir die Einberufung zur Musterung für die Bundeswehr, die ich nicht befolgte oder nicht befolgen wollte, was mir als Nachspiel einen Prozess als Kriegsdienstverweigerer einbrachte. Meine Argumentation während der Verhandlung, dass ich nur zur Bundeswehr ginge, wenn ich nach meinem Meineid bei der Volksarmee nicht erneut vereidigt würde, wurde nicht akzeptiert. Eigentlich wollte ich nur in Ruhe gelassen werden, denn ich hatte keinerlei Interesse daran, die Anerkennung als Kriegsdienstverweigerer zu erwerben. Denn die damaligen Kriegsdienstverweigerer wurden, wohl infolge des kalten Krieges zwischen Ost und West, als unberechenbare Sonderlinge und Drückeberger mit Kommunisten und Homosexuellen auf eine Stufe gestellt. Ich argumentierte schließlich auch damit, ohnehin auswandern zu wollen, womit sich mein Problem lösen ließ und das Verfahren eingestellt wurde. Danach erhielt ich gegen alle Erwartungen einen Wehrpass vom Kreiswehrersatzamt Fürth, in dem ich als Ersatzreserve I abgestempelt war. Mit dem Wehrpass fühlte ich mich von der Bundeswehr vereinnahmt, was mir nicht passte, und mit der Zuordnung zur „Ersatzreserve I" über Gebühr diskreditiert. Denn diese schon sprichwörtliche Reserve stand für alles, was schwach, schmalbrüstig, krank oder fußlahm ist. Die Aussicht darauf, zur Bundeswehr einberufen zu werden, lieferte mir jedoch eine gute Begründung, nach meinem „Intermezzo" von nur etwas über zwei Jahren Tätigkeit in Neustadt a. d. Aisch zu kündigen, denn mein Chef und die Bauern hätten mich wohl auch weiterhin als Besamer toleriert. Ganz unverhofft erhielt ich jedoch die Rückstellung von der Einberufung zur Bundeswehr, die mich aber nicht mehr interessierte, weil ich nach England abwandern wollte.

Mitte September 1961 bin ich mit meinem VW-Käfer, in dem der Beifahrersitz zur Liegestatt umgerüstet war, als Tourist nach England gereist und habe die altehrwürdige Universitätsstadt Oxford zu meinem ersten Ziel auserkoren. Unter einer neu gebauten, aber einsamen Brücke mit einem kleinen Gewässer daneben, vielleicht war es eine ehemalige Kiesgrube, außerhalb Oxfords, habe ich mich abends im VW auf der Beifahrerseite schlafen gelegt. Morgens konnte ich mich bei schönstem Sommerwetter ungestört am Wasser waschen oder baden, bevor ich mich in Oxford wieder und wieder auf Erkundung begab. Dort habe ich neben Urlaubern und Vagabunden der verschiedensten Nationen auch Engländer kennen gelernt, die gut Deutsch sprachen. Von denen erfuhr ich viel Nützliches über die Administration und die Ämter des Landes, auch dass England nur ein Teil der britischen Insel ist, denn bis dahin gehörte Schottland für mich mit zu England, und von Wales hatte ich vorher noch gar nichts gehört. Da ich finanziell genug Reserven hatte, war ich nicht in Verlegenheit, dennoch suchte ich nach Arbeit und einer Bleibe, die ich aber zunächst nicht fand. Als mein größtes Handicap erwies sich, dass ich kein Englisch sprach; in der DDR hatte ich eben nur ein bisschen Russisch gelernt. Deshalb hoffte ich, für den Anfang auch ohne viel Englischkenntnisse bei einem Bauern eine Arbeit zu finden, bis ich vielleicht später wieder als Besamungstechniker arbeiten könnte. Von meinen einsamen Exkursionen in die verschiedenen Richtungen des Landes bin ich immer wieder nach Oxford zurückgereist, weil ich dort meine Stammkneipen (Pubs) hatte, wo ich neben dem Barmann manchmal auch Gäste traf, die ich inzwischen kannte. Aber erst, als ich Renate und ihren Mann John kennen lernte, kriegte ich endlich „einen Fuß auf die (britische) Erde".

Mit Freunden am Strand von Pendine (Martin, mein Bruder im karierten Hemd neben mir und Royce unser Dolmetscher ganz rechts)

Über Bekannte und auf Umwegen hatte ich Renate, eine Deutsche, die mit ihrem Mann, einem Engländer, in Oxford Urlaub machte, kennen gelernt. Beide lebten in Afrika, und bei meinen späteren Dienstreisen dorthin habe ich sie mehrfach in Rhodesien (jetzt Zimbabwe) besucht und seit damals verbindet uns eine feste Freundschaft. Zunächst jedoch chauffierte ich sie nach Liverpool, wo sie Zollformalitäten wegen ihrer Elefantenflinte, die sie aus Afrika mitgebracht hatten, erledigen mussten. Danach ging es nach Südwales, wo ich mit ihrer Hilfe auf einer Farm bei Narbeth unterkam. Dort hatte ich Arbeit und Unterkunft, lernte immer etwas mehr Englisch und fand engen Kontakt zu einer Clique junger Burschen, die in Carmathen studierten. Einer von ihnen sprach fließend Deutsch und so hatten wir

auch keine Verständigungsschwierigkeiten, wenn wir bei Trink-
gelagen, Tanzveranstaltungen oder am Strand des nahen Atlantik
unser Vergnügen suchten. Royce, mein Dolmetscher, sorgte auch
dafür, dass ich im Rugbyclub von Narbeth aufgenommen wurde,
wo ich zuerst nur mit trainieren durfte, mich wie die anderen bei
Regenwetter im Schlamm sielte und schließlich bei Ausschei-
dungsspielen eingesetzt wurde. Was mir an Technik fehlte, versuchte ich mit Körpereinsatz und Kraft wettzumachen, denn
beim Rugbyspiel darf der eiförmige Spielball nur nach vorne
getragen werden, was die gegnerische Mannschaft mit Taktik
und vollem Körpereinsatz zu blocken versucht. Dagegen darf
der Ball nur nach hinten abgegeben werden, wenn man von den
gegnerischen Spielern zu Fall gebracht wird, was erlaubt ist,
oder die Mauer gegnerischer Spieler nicht durchbrechen, umlau-
fen oder überwinden kann.

Mein Los als Farmarbeiter in Südwales

Nachdem die ersten drei Monate seit meiner Einreise verstrichen waren, bin ich für ein paar Tage zurück auf den Kontinent gereist, um danach wieder auf die Insel zurückzukommen. Denn als Tourist durfte man sich nicht länger als drei Monate im Vereinigten Königreich von Großbritannien aufhalten, und so bin ich abwechselnd mit Ausweis und Reisepass ein und ausgereist. Weder meine erneute illegale Einreise, mit der ich mir wieder drei Monate Aufenthalt in Britannien erwirkt hatte, noch meine Schwarzarbeit in Südwales sind aufgefallen, so dass ich Zeit und Gelegenheit hatte, mich dort weiter einzurichten. Ich suchte mir eine besser bezahlte Stelle, erhielt eine amtlich bestätigte Arbeits- und Aufenthaltserlaubnis und arbeitete nun als Treckerfahrer und Aushilfsmelker in Pantryhuad nahe dem Urlaubsparadies und Strandbad Pendine. Mein Bruder Martin kam auf Besuch und weil es ihm dort gut gefiel, beschloss er, auch auf die Insel umzusiedeln. Nachdem er wie ich einigermaßen gut Englisch gelernt hatte, arbeitete er ein paar Jahre in Australien und Neuseeland, bevor er sich dann in Pendine verheiratete und dort auf Dauer niederließ. Mir gelang es nicht, in England, Wales oder Schottland eine Stelle als Besamungstechniker zu bekommen, und so pendelte ich zwischen Deutschland und Südwales hin und her, arbeitete zwischendurch in Düsseldorf als Hilfsarbeiter in einer Feuerverzinkerei und wollte schließlich Galvanotechniker werden, nachdem ich eine interessante Stelle in einer Versuchsgalvanik in Düsseldorf angenommen hatte. In Düsseldorf war ich hängen geblieben, weil ich einen Schulkameraden besucht hatte, mit dem mich außer unserer gemeinsamen Grundschulzeit (erste bis fünfte Klasse) auch verband, dass wir damals im Sportunterricht mehrfach gegeneinander geboxt hatten. Da ich gerade umhervagabundierte, half er mir, Unterkunft und Arbeit in Düsseldorf zu finden, was mir sehr passte. Mein Auslandsabenteuer England hatte damit erst einmal sein Ende gefunden. Auf der Insel hatte ich zwar auf dem kürzest möglichen Wege recht gut englisch sprechen gelernt, aber auch erfahren, dass man als Ausländer den Eingeborenen gegenüber benachteiligt ist, wenn man mit ihnen irgendwie in Konkurrenz steht, z. B bei Bewerbungen. Der Tellerwäscher, der nach Jahren als Millionär heimkommt, ist eben eher die Ausnahme als die Regel, und ich gehörte nicht zu denen, die die Regel bestätigen und das große Glück in der Fremde gefunden haben.

Mit Heinz, meinem Schulkamerad, der damals schon verheiratet und ein grundsolider Mann war, entwickelte sich eine dauerhafte und gefällige Freundschaft. Sein etwas jüngerer Bruder Willi dagegen war ein wilder Bursche, mit dem ich gerne Streifzüge durch Düsseldorfs Nachtleben machte. Er hatte gerade seinen Führerschein abgeben müssen, – warum weiß ich nicht mehr – und so war er wohl froh, dass er als rasanter Porschefahrer mit mir und meinem alten VW-Käfer besser als zu Fuß ausschwärmen konnte. Er führte mich in seiner Stammkneipe, dem Fässchen in der Düsseldorfer Altstadt, ein, wo er respektvoll der Fürst genannt wurde und Fremde, die ihm nicht auswichen, aus dem Weg schubste. Conni, ein ehemaliger Boxer, der dort als Rausschmeißer fungierte, und Helga, eine Prostituierte, die aus Leipzig stammte, gehörten bald zu meinen damaligen Freunden. Ich genoss die abenteuerliche Atmosphäre in dieser Halbwelt, war gerne dazwischen, gab immer wieder einmal eine Runde aus und hörte gerne zu, wenn Helga von ihren Geschäften berichtete, wie sie ihr Treiben nannte. So erzählte sie einmal, dass sie sich nach ihrer Dienstleistung selber großzügig auszahlen und verschwinden wollte, als ihr Freier fest schlief, aber die Brieftasche leer fand und erst nach langem Suchen ein Bündel

Geld im Hotelzimmer unter dem Teppich versteckt entdeckte. Bei einem Besuch im Fässchen hatte ich einmal mitbekommen, wie ein betrunkener Gast am Nachbartisch beim Zahlen seiner Zeche einen Geldschein fallen ließ, auf den seine Begleiterin mit dem Fuß trat und dadurch vereitelte, dass er diesen wieder finden und aufheben konnte. Beide verschwanden und Helga erklärte mir, dass sie sich mit der Begleiterin des Mannes per Blickkontakt verständigt hätte, später die Beute zu teilen. Dann erlebte ich den Rausschmeißer Conni mehrfach in Aktion, wenn ein Gast nicht zahlen wollte oder konnte und Raufereien zwischen Gästen, die er dann auf seine Weise schlichtete. Auch hat er manchmal Gäste nur deshalb an die Luft befördert, weil sie am Tisch eingeschlafen waren. Bei allen Turbulenzen fühlte ich mich jedoch im Fässchen sehr sicher und auch wohl, weil mich die Mädchen mochten und vor allem, weil ich Conni auf meiner Seite wusste.

Von Düsseldorf war es nicht weit bis Wuppertal, wo ich nachsehen wollte, was aus zwei kleinen Mädchen geworden war, die mit ihrer Mutter bei uns in Körner als ausgebombte Flüchtlinge gewohnt hatten. Denn über die Jahre mussten beide, von denen ich nichts wieder gehört hatte, längst erwachsen sein. Eine war schon verheiratet und die jüngere der beiden noch zu haben. Da ich als alter Bekannter vor allem bei ihrer Mutter Kredit hatte, konnte ich mich mit harmloser Mine und undurchsichtigen Hintergedanken einschleichen. Dort ging ich bald ein und aus und hatte nach einer Weile eine attraktive schwarzhaarige Freundin. Es dauerte auch nicht lange und sie war schwanger. Also musste geheiratet werden. Mit ihren 20 Jahren war sie damals noch minderjährig, so dass wir beschlossen, ohne Zustimmung ihrer katholischen Mutter heimlich in Wales zu heiraten. Denn als

Protestant wollte ich vermeiden, einer katholischen Hochzeit zustimmen zu müssen. Wir beschlossen, Urlaub in Großbritannien zu machen um danach verheiratet zurückzukommen. Mit der Zustimmung ihre Mutter durften wir gemeinsam in Urlaub gehen und so trampten wir bei herrlichem Sommerwetter im August 1963 von Wuppertal in Richtung Westen bis nach Südwales. Dort kannte ich Land und Leute, nur heiraten konnten wir nicht, weil die Zustimmungserklärung der Eltern fehlte. Also trampten wir nach Schottland und landeten bei Alan B. auf einer Halbinsel im Nordwesten Schottlands.

Alan, ein alter Bekannter von mir, hat unsere Heirat in seinem biographischen Buch „Escape to Scorraig" (Flucht nach Scorraig) unter der Überschrift „A wedding" beschrieben, was ich soweit als möglich wortgetreu übersetzt anfüge. Die in eckigen Klammern erscheinenden Anmerkungen sind von mir hinzugefügt und sollen nur dem besseren Verständnis dienen.

Eine Hochzeit
Etwa um die Heuzeit hatten wir Besuch des Bruders unseres LKW-Fahrers, der uns damals beim Umzug von Wales geholfen hatte. Er und seine schwangere Freundin waren per Anhalter nach Schottland gereist, weil sie erfahren hatten, dass man in Gretna Green bereits mit 18 Jahren ohne die Zustimmung der Eltern heiraten konnte, in England musste man damals 21 sein. Aber schließlich erfuhren sie, dass man für zwei bis drei Wochen in Schottland leben musste, bevor man qualifiziert war [dort heiraten zu dürfen]. *Da wir die einzigen Leute waren, die sie in Schottland kannten, sind sie zu uns gekommen. Ich habe ihnen dann verständlich gemacht, dass sie in Ullapool genauso gut heiraten könnten wie in Gretna Green, so dass sie geblieben*

sind und uns bei der Heuernte geholfen haben. Tatsächlich wä-
ren sie beinahe, wie viele andere, hier stecken geblieben und
verhandelten um einen kleinen Bauernhof in Carnoch. Ich den-
ke, sie sind nur deshalb wieder weggegangen, weil mit Alberts
Rücken etwas nicht in Ordnung war [falsch, es waren die Knie,
die Probleme machten und Ingrid wollte nicht als Bäuerin in
Schottland enden]. *Später ist er zur Universität gegangen und*
ist Tierarzt geworden. Jetzt wird von ihm gesagt, dass er ein
großer Experte im Embryotransfer sei.

Geheiratet haben sie im Standesamt von Ullapool an einem
furchtbar regnerischen Tag. Ich habe ein Foto der Braut und des
Bräutigams, wie sie wie Frösche mit einem gelben Regenmantel
am Ufer neben der Scorraig-Anlegestelle für das Boot stehen.
Seltsam genug, dass sie immer noch verheiratet sind. Der Stan-
desbeamte sagte, dass sie das erste [kann auch mit „einzige"?
übersetzt werden] *Paar waren, das er je vermählt hat.*

Als wir von der Trauungszeremonie zurück waren, hat Ingrid,
die Braut, Asa [Alans Frau] *bei der Vorbereitung der Hochzeits-*
feier geholfen, während Albert und ich die Post ausgetragen
haben. Neben den Briefen im Postsack hatten wir (oder Albert
hatte) eine Flasche Whisky und eine Flasche Wodka, und an
jedem Haus bot Albert den Leuten an einen auf seine Gesundheit
zu trinken [auf meine Gesundheit? – so habe ich das nicht in
Erinnerung]. *Am Haus von Bridger und Gossling murrten diese*
etwas über das Ansinnen, worauf Albert unwirsch fauchte „ver-
dammt ihr müsst einfach". Nach dieser Einladung schien es, als
mache es ihnen Spaß, sich ein Glas in die Gurgel zu schütten.
Keiner von beiden hat sich danach auch je beim Postmann über
diese Sache beklagt.

Auf dem Weg von Carmathen per Anhalterv nach Gretna Green und Ullapool in Schottlandnach

Als uns meine Schwiegermutter auf die Schliche kam, gab es großen Ärger. Sie drohte mir mit der Polizei, wenn wir nicht sofort zurückkämen. Daraufhin sind wir erst einmal geblieben, wo wir waren. Ich habe mir eine Arbeit gesucht, und ein halbes Jahr später ist im Januar 1964 unser Sohn Robin in Carmarthen, Südwales geboren. Meine Schwiegermutter, die wohl damals schon viel klüger und auch weiser war als ich, besuchte uns und genoss es offenbar, sich um ihr Enkelchen zu kümmern. Wegen meiner Missetat mit der heimlichen Heirat in Schottland hatte ich später manchmal ein schlechtes Gewissen, fühlte mich aber auch geschmeichelt, wenn auf meine Erzählung dazu die eine oder andere Frau sagte, dass sie so etwas auch gerne miterlebt oder mitgemacht hätte.

Unser Stammhalter wird als kleiner Brite geboren

Wir richteten uns in Wales auf Dauer ein, ich hatte eine Stelle als Treckerfahrer auf einer großen Farm mit unendlich viel unwegsamem Gelände, wo ich vom Straßenbauen, Holzfällen bis hin zum Schafscheren viel Neues erlebte. Den größten Spaß hatten wir bei Sprengarbeiten, wenn der Wasserlauf eines Baches tiefer gemacht bzw. verlegt werden sollte oder wenn eine Zufahrt zu einem Feld oder Waldstück geebnet werden musste. Die Unfälle, bei denen ein Trecker oder Anhänger umkippte, waren alle glimpflich verlaufen, nur unser Boss hatte wenig Verständnis dafür, weil jedes Mal Leichtsinn im Spiel war, wie er meinte. Wir waren alles junge Leute, die mehr mit Übermut als mit Überlegung zu Werke gingen und wunderten uns, wenn das eine oder andere schief ging. So verstrich die Zeit in der wir, meine Frau und ich, recht zufrieden waren, nur schien es so, als würde ich als Ausländer in Großbritannien gut leben, aber nur als

Farmarbeiter bleiben könnte. Deshalb packten wir im Juni 1964 alles, was wir in unserem VW-Käfer verstauen und auf dem Gepäckträger transportieren konnten, und siedelten wieder nach Deutschland um. Bei Verwandten im Saarland machten wir einen Besuch, der zur Folge hatte, dass ich in Güdingen nahe Saarbrücken bei einer Stahlbaufirma als Elektroschweißer anfangen konnte. Das Elektroschweißen hatte ich in einem Kurs in Carmarthen gelernt. Der Verdienst war gut, aber die Schweißarbeiten auf Baustellen waren nicht das, was ich gerne und auf Dauer machen wollte. Deshalb packten wir nach einem Vierteljahr erneut unsere Sachen und zogen nach Hannover, wo ich auf der Besamungsstation in Hannover-Kirchrode wieder in der Besamung arbeiten konnte.

5. Kapitel: Mit Frust und Aggression zur Hochschulreife

Mehr durch Zufall als durch geplantes Handeln landete ich wieder in Hannover wie ehemals nach meiner Republikflucht aus der ehemaligen DDR. Auf der Besamungsstation in Hannover-Kirchrode hatte ich die Stelle als Laborant angenommen und wurde daneben für Telefondienst, Kurierfahrten, Bullentransporte und alle möglichen anderen Aufgaben abgestellt. Ich fand eine kleine Wohnung in der Nähe der Besamungsstation und so begannen wir uns peu à peu in Kirchrode einzurichten. Einerseits war ich froh, wieder in der Besamung tätig zu sein, andererseits war ich unsicher, ob ich mit Hannover die richtige Entscheidung gefällt hatte. Denn auf der Besamungsstation wurde alles durch Tierärzte dominiert, Besamungstechniker waren für die Durchführung der Besamung nicht zugelassen, und wenn man sie überhaupt zur Kenntnis nahm, wurden sie nur als Laienbesamer bezeichnet. Dennoch entwickelte sich diese Stelle zu einer sicheren Position für unsere kleine Familie. Ich arbeitete im Labor mit meinen Zusatzdiensten nach Feierabend und an Wochenenden, während meine Frau im Büro der Station an der EDV-Maschine Lochkarten tippte. Unser Sohn spielte im Laufstall neben der Maschine oder ich kümmerte mich um ihn, wenn seine Mutter arbeitete, während ich frei hatte. Dadurch, dass wir beide verdienten, waren wir einigermaßen gut gestellt und konnten uns auch bald eine etwas größere Wohnung leisten. Mich störte jedoch sehr, dass meine Vorgesetzten und sonstigen Bezugspersonen alles Tierärzte waren, zu denen ich immer artig Herr bzw. Frau Doktor sagen musste. Ein Bullenpfleger hatte einem Vorgesetzten gegenüber, auch ein Doktor, Arbeitsverweigerung begangen, was mit sofortiger fristloser Entlassung geahndet wurde. Für mich als subalternen Angestellten hieß es also, Ohren anlegen, was mir nicht leicht viel. Denn einerseits war ich immer noch so etwas wie ein ungehobelter Bauernbursche und andererseits hatte ich meine Ressentiments jedweder Obrigkeit gegenüber, was sich wohl in meiner Kindheit begründet und mir mein Leben lang als Manko geblieben ist. Dass ich in Hannover vier Jahre später ebenfalls per fristloser Entlassung expediert werden sollte, war jedoch noch nicht abzusehen. Der Fairness halber muss ich aber hinzufügen, dass ich die fristlose Entlassung seinerzeit ausreichend provoziert hatte und dass ich im Ganzen betrachtet auf der Besamungsstation in Hannover eine sehr nützliche Zeit hatte.

Alle vierzehn Tage war ich mit Wochenenddienst an der Reihe, an dem ich auf Anforderung Spermabestellungen erledigen und mit der Bahn verschicken musste, wenn in der einen oder anderen Tierarztpraxis mehr Kühe zur Besamung angemeldet als Spermadosen verfügbar waren. Sonntags musste dazu noch der Verdünner, eine Mixtur verschiedener Chemikalien, in destilliertem Wasser aufgelöst und erhitzt werden, womit am Montag der frisch gewonnene Bullensamen verdünnt wurde. An den Wochenenden, an denen ich Dienst tat, ergab es sich zuerst gelegentlich, dann immer mehr, dass ich für den jeweils zur gleichen Zeit Dienst habenden Doktor einsprang. Diese sich zu meinen Lasten einseitige Arbeitsverlagerung bewährte sich sehr, denn die Doktores entledigten sich hierdurch ihrer lästigen Pflicht, am Wochenende Kühe besamen zu müssen, und ich fühlte mich geehrt, die sonst in Niedersachsen nur Tierärzten vorbehaltene Tätigkeit erledigen zu dürfen. Dazu gefiel es mir, dass ich wieder zu den Bauern fahren und Kühe besamen konnte. Bald begann ich auch wieder damit, den Tierärzten mit Trächtigkeits-

und gynäkologischen Untersuchungen ins Handwerk zu pfuschen. Da ich mir bei meinen Vorgesetzten wohl etwas Kredit erworben hatte, blieb es bei Ermahnungen, wenn in Einzelfällen ruchbar wurde, dass ich eine Kuh auf Trächtigkeit untersucht oder in anderen Fällen eine Gärmutterbehandlung zur Besamung gemacht hatte. Schließlich wurde die Durchführungsverordnung zum Besamungsgesetz für Niedersachsen geändert, so dass ab 1966 der 1967 Laienbesamer als Besamungsbeauftragte offiziell Kühe besamen durften. Das hatte zur Folge, dass viele Tierärzte ihre Besamungspraxis an Besamungstechniker abgaben, um sich mehr ihrer kurativen Tätigkeit widmen zu können. Denn in vielen Praxen wurde die Besamung als notwendiges Übel nur deshalb mit erledigt, weil damit vermieden werden sollte, dass sich konkurrierende Tierärzte via Besamung einen Zugang zur praxiseigenen Klientel verschaffen konnten. Besamungstechniker sind dagegen keine direkten Konkurrenten, weil sie nur ihren Besamungsauftrag zu erfüllen haben und im Zweifel verpflichtet sind, den jeweils zuständigen Tierarzt zu Rate zu ziehen. Mit der Gesetzesänderung wurde meine Arbeit im Außendienst legalisiert, und ich betreute fortan die um die Station wohnenden Bauern offiziell neben meinen anderen Aufgaben auf der Station.

Der „Laienbesamer" mit Hospitanten auf Besamungstour

Die Spermakonservierung befand sich durch neue Labortechniken zu dieser Zeit gerade in einem Umbruch und wurde anfangs von Befürwortern und Skeptikern/Gegnern zum Teil sehr kontrovers diskutiert. Denn der technische Aufwand war sehr groß und die anfänglich erzielten Ergebnisse (Überlebensraten der Spermien, Befruchtungsergebnisse bei den besamten Kühen) sehr schlecht. Ich hatte dabei das Glück, neben meiner allgemeinen Routinearbeiten auch an Versuchen zur Spermatiefgefrierung beteiligt zu sein, was mich ungemein begeisterte, auch wenn mir dabei nur die niederen Arbeiten zukamen. Der Hintergrund zu der Neuerung in der verbesserten Haltbarmachung von Tiersamen war folgender: Die künstliche Besamung basierte von ihren Anfängen an auf der Methode, wonach frisch gewonnenes Sperma portioniert und unmittelbar danach inseminiert (in der Gebärmutter einer Kuh deponiert) wurde. Mit verschiedenen, dem Sperma angepassten Verdünnern (pH-Wert, osmotischer Druck, Viskosität, Ionenpuffer, usw.), konnte man zwar die Lebensdauer der Spermien geringfügig verlängern und das Sperma für zwei bis drei Tage verwenden, aber nicht für Jahre, was mit der neuen Methode in Aussicht stand. Nach der neuen Verfahrenstechnologie wurde das Sperma mit einem Verdünner konserviert, der neben anderem ein Gefrierschutzmittel enthielt, wodurch die Spermien gefriertauglich wurden. Die Tiefgefrierung erfolgt dann nach einem festgelegtem Gefrierprogramm mit der anschließenden Lagerung des tiefgefrorenen Spermas in flüssigem Stickstoff bei -196° C. Dieser Temperaturbereich versetzt die Spermien in eine künstliche Kryobiose (Gefrierschlaf), in der jedweder Stoffwechsel eingestellt ist, weil keine molekulare Beweglichkeit mehr existiert. Damit wird für die tiefgefrorenen Spermien wie im märchenhaften „Dornröschenschlaf" die Zeit angehalten, bis sie wieder aufgetaut und in den Bereich der Umgebungs- bzw. Körpertemperatur verbracht werden. Hierbei macht es keinen Unterschied, ob die Zeitdauer der Kryobiose einen Monat, ein Jahr oder länger andauert. Auch Jahrzehnte verursachen dabei keine messbare Schädigung; allein die überall vorkommenden und alles durchdringenden kosmischen- und harten Röntgenstrahlen aus dem Weltall sollen nach Jahrtausenden durch Ionisierung von Molekülen an den Spermien geringe Schädigungen hinterlassen.

Durch eine enge Zusammenarbeit der Besamungsstation mit dem Institut für Haustierbesamung und Andrologie der Tierärztlichen Hochschule Hannover, die mit eigenem Personal (Tierärzte und Laborantinnen) ein Labor innerhalb der Station betrieben, wurden alle experimentellen Untersuchungen unter der Federführung des Institutes gemacht. Von den jungen Assistenztierärzten (Männer wie Frauen), die dort arbeiteten, sind Doktorarbeiten und wissenschaftlich Publikationen zur Spermakonservierung verfasst und publiziert worden, was ich mit Interesse verfolgte. Dazu fand ich eines Tages in einer von der Station abonnierten Fachzeitschrift aus den USA die Beschreibung zu einem vereinfachten Gefrierverfahren, dessen Versuchsanordnung ich heimlich nachstellte und meine eigenen Experimente machte. Meine englischen Sprachkenntnisse kamen mir dabei sehr zustatten, wie auch dann, wenn wir ausländische Besucher auf der Besamungsstation hatten, um die ich mich manchmal zu kümmern hatte. Bei Feierlichkeiten, die meistens zusammen mit dem Institut für Haustierbesamung veranstaltet wurden, war ich regelmäßig dabei, denn als gefälliger Adlatus meines Chefs kümmerte ich mich auf Anforderung um alles, was anlag. Bei entsprechenden Veranstaltungen sagte er mir dann immer, was bevorstand, lud mich dazu ein, egal ob ich dazwischen passte oder nicht, und riet mir, mich unauffällig in seinem Hintergrund aufzuhalten. Dabei habe ich so manchen Kontakt zu Ausländern geknüpft, von denen ich einige um die 20 Jahre später in Südamerika oder anderswo wieder getroffen habe. Hoch her ging es manchmal bei Promotions- und Habilitationsfeiern, wo ich zu vorgerückter Stunde staunend zuhörte, was sich graduierte Akademiker, die damals allesamt Herrgötter für mich waren, zu erzählen hatten. So sehr ich diese Begebenheiten auch genoss, so sehr missfiel mir manchmal tags darauf, dass ich immer wieder erkennen musste, der Laienbesamer zu sein, dem keinerlei Sachkompetenz zukam. Richtig sauer machte mich jedoch, wenn Studiker, die auf der Station nur ein Praktikum ableisteten, bei kontrovers geführten Fachdiskussionen zu mir sagten, „Das verstehen Sie nicht" und den Diskurs mit mir beendeten. Möglicherweise habe ich damals auch manchen Anlass zu derartigem Verhalten gegeben, denn nach meinem Selbstverständnis war ich mit meiner jahrelangen Berufserfahrung als Besamungstechniker und Tausenden von Besamungen der Fachmann und nicht diese jungen Männer, die nach meiner Einschätzung keinen blassen Schimmer davon hatten. Dazu konnten sie mir auch mit ihrem Latein und theoretischen Faktenwissen aus Vorlesungen zur Haustierbesamung nicht imponieren.

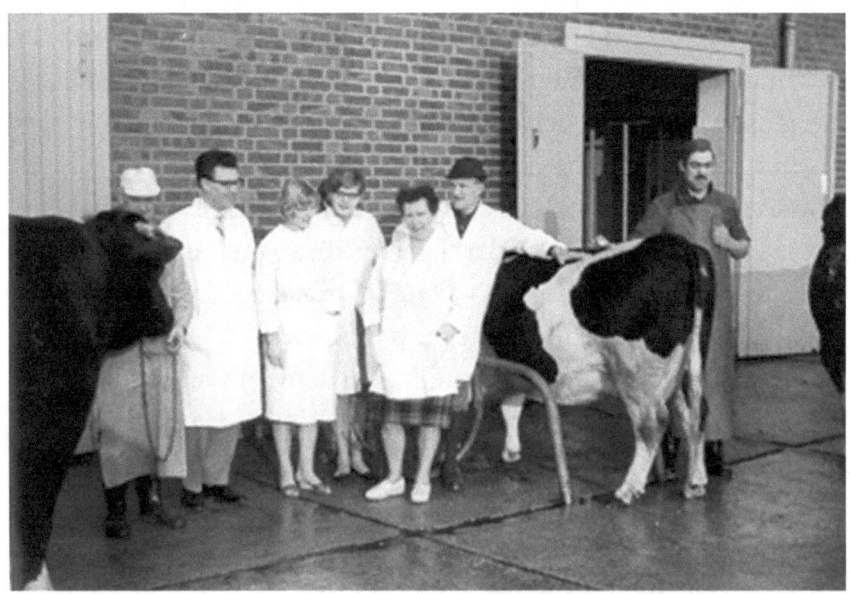

Als Hilfskraft und „Mädchen für alles" auf der Besamungsstation in Hannover

Der Frust über meinen Hilfsarbeiterstatus zwischen Tierärzten und Veterinärstudenten brachte mich zu dem immer endgültiger werdenden Entschluss, selber Tierarzt werden zu wollen. Da ich jedoch in den vergangenen Jahren mit all meinen Versuchen gescheitert war, an irgendeiner Hochschule im In- oder Ausland zu studieren, war mir längst klar geworden, dass ich eine sonst wie geartete Hochschulzugangsberechtigung brauchte, um mein Ziel zu erreichen. Längst hatte ich in den vergangenen Jahren mit Abendkursen zum Abitur angefangen und wieder aufgehört um dann gelegentlich mit halbem Herzen in Geschichts-, Deutsch-, Chemie- und Mathebüchern zu blättern, ohne richtig weiterzukommen. Bei all diesen untauglichen Versuchen, die Hochschulreife zu erlangen, habe ich es mir immer sehr leicht gemacht und glaubte schließlich ein für mich passendes Schlupfloch gefunden zu haben, als ich erfuhr, dass man mit der so genannten „Begabtenprüfung" den Zugang zu allen Hochschulen der BRD und Westberlins erreichen kann. Also besorgte ich mir die Bedingungen für das Zulassungsverfahren zu dieser Prüfung und die Prüfungsordnung. Im offiziellen Sprachgebrauch ging es dabei um die „Ordnung der Prüfung für die Zulassung zum Hochschulstudium ohne Reifeprüfung" nach Erlass des Kultusministers vom 23.02.1960 und weiteren Ergänzungsvorschriften und Novellierungen.

Da sich die Zusammensetzung der Prüfungsfächer in den einzelnen Bundesländern unterschied und mir die Kombination in Nordrhein-Westfalen am ehesten zusagte, verlegte ich meinen Wohnsitz proforma zu meiner Schwiegermutter nach Wuppertal. Die in Niedersachsen aufgelisteten Prüfungsfächer und Anforderungen behagten mir dagegen ganz und gar nicht. Denn es bestand die Verpflichtung, die Prüfung in dem Bundesland abzulegen, in dem man seinen Wohnsitz hatte. Für die Zulassung zum Prüfungsverfahren sollte man neben anderem den Nachweis einer herausragenden Qualifikation für das angestrebte Studium nachweisen und dazu befürwortende Gutachten von zwei Persönlichkeiten aus dem Fachgebiet des Bewerbers beibringen. Dabei musste mindestens einer ein Hochschullehrer sein. Mit beidem, der herausragenden Qualifikation wie mit den beiden Gutachten hatte ich leichtes Spiel. Denn die künstliche Besamung ist ein Fachgebiet der Veterinärmedizin, das ich studieren wollte und in dem ich die geforderte Qualifikation mit einer fachbezogenen Veröffentlichung beibringen konnte. Die geforderten Gutachten schrieben mir mein Chef und ein Professor, die mir beide sehr zugetan waren. Den Fachbeitrag hatte ich auf Anforderung meiner damaligen Kollegen für das Informationsblatt der Tierzucht und Besamungstechniker zur Spermakonservierung[6] erstellt. Ein junger Tierarzt (Dr. L.), der mit zur Hochschulmannschaft gehörte, war gutmütig genug, mir meinen Beitrag zu korrigieren, dem ich dafür immer noch dankbar bin. Dass er sich damals über mein zusammengewürfeltes Geschreibsel mokiert hatte, sei nur am Rande bemerkt, ich habe jedenfalls nach seiner Korrektur mit diesem Beitrag, wie es in den Anforderungen heißt: die geforderte wissenschaftliche Veröffentlichung oder vergleichbare Arbeit erbracht. Auch später habe ich als Tierarzt mit dieser populärwissenschaftlichen Publikation noch imponiert, wenn ich sie meinen Bewerbungen zur Beachtung angefügt habe.

Die Zulassung zur Prüfung hatte ich in Nordrhein Westfalen erwirkt, nur wusste ich noch nicht, dass ich zunächst keine Chance hatte, sie zu bestehen. Meine Studienberichte und meine Auflistung der bearbeiteten Literatur mit Beiträgen zu Antigone

---

[6] GÖRLACH, A. (1967): Umstellung der Spermakonservierung von Frisch- auf Tiefgefriersamen, gelagert in flüssigem Stickstoff; BTB-Informationsblatt 2, 4 – 5

bis Thomas Mann kamen vom Düsseldorfer Kultusministerium als unzureichend zurück. „Gespräche mit Stalin" von Milovan Gilas, die ich mit Interesse gelesen hatte, wurden gar nicht erst akzeptiert – also hatte ich mich damit vergeblich abgemüht. Dennoch habe ich mich zu einem vorgegebenen Prüfungstermin, den ich nicht mehr weiß, angemeldet und wurde deshalb zu einem vorläufigen Orientierungsgespräch nach Düsseldorf eingeladen. Dieses Gespräch entpuppte sich als eine gefällig geführte Prüfung in Geschichte zur Französischen Revolution. Zum Glück, wie ich meinte, hatte ich mich gerade auf dieses Thema vorbereitet und glaubte, damit glänzen zu können, bis mir am Ende empfohlen wurde, meinen Prüfungsantrag für den anstehenden Termin zurückzuziehen, weil ich mit meinem Kenntnisstand die Prüfung nicht bestehen würde.

Enttäuscht fuhr ich zurück nach Hannover, schmiss einmal mehr meine Bildungsambitionen hin und wusste, dass ich Besamungstechniker war, bin und wohl bleiben würde. Doch dann kam immer wieder der Groll in mir hoch, wenn ich mich als der diskriminierte Hilfsarbeiter zwischen Tierärzten fühlte, und besonders unangenehm war es mir, wenn mich der Professor, der mir die Studierfähigkeit bescheinigt hatte, fragte, wie weit ich denn sei und wann ich mit dem Studium anfinge. Also lernte ich wieder mehr aus Frust als mit Freude, was der junge Schiller in seiner Sturm- und Drangzeit mit dem Schauspiel „Die Räuber" oder mit „Kabale und Liebe" in der damaligen Zeit bezwecken wollte, quälte mich mit den mehrere hundert Seiten umfassenden Zauberberg von Thomas Mann und fand keinerlei Verständnis für den Stolz des Major von Tellheim in der Lessingschen Komödie Mina von Barnhelm usw., usw. Genauso wenig interessierte mich, wann Goethe, den ich manchmal mit ö geschrieben hatte, mit wem gesellschaftlich verkehrte und welche Liebschaften er hatte. Denn erst nach Feierabend oder an den Wochenenden, an denen ich frei hatte, war unter Vernachlässigung meiner Familie Zeit für diese Paukerei. Mein Problem war, dass ich für die geistigen Ergüsse unserer Dichter und Denker, die nach meinem Verständnis wohl manches ihrer Werke mehr im Drogen- und Alkoholrausch als nüchtern geschrieben hatten, weder Verständnis noch Begeisterung aufbringen konnte, auch wenn sie damals mutig gegen den Feudalismus und das Establishment aufbegehrten. So habe ich meine Literaturprüfung, die ein Teil der Gesamtprüfung war, am Ende nur mit stereotypem Nachplappern von Kommentaren und der Deutschen Literaturgeschichte von FRITZ MARTIN aus dem Alfred Körner Verlag bewältigt, während ich bis heute noch keinen Zugang zu all den literarischen Werken unserer großen Dichter und Denker gefunden habe.

Licht und zielgerichtetes Handeln kamen erst in meine Prüfungsvorbereitungen, als mir und einer Reihe anderer Kandidaten bei einer Zusammenkunft im Wissenschaftlichen Prüfungsamt der Universität Bonn Studienanleitungen für die Vorbereitung zur Begabtenprüfung vermittelt wurden. Dabei wurde uns auch empfohlen, nach den Vorgaben eines Studienrates zu lernen, was ich danach gleich verwirklichte. Als uns die Anforderungen für die Prüfung in Geschichte mit Schwerpunkten genannt wurden, beschloss ich sofort, dass das „Goldene Zeitalter des Perikles“, von dem ich vorher noch nie gehört hatte, von nun an einer meiner Schwerpunkte sei. Denn das „Goldene Zeitalter …“ konnte man sich gut merken, nur dass für mich daraus eine Vorliebe für die griechische Antike von Drakon bis Alkibiades erwachsen würde, hat sich erst viel später gezeigt. Der Hinweis, nach den Anleitungen eines Studienrates zu lernen, war dazu für mich Gold wert und hat mir neben einem später väterlichen Freund auch das Bestehen der Prüfung beschert. Ein geradezu unverschämtes Glück hatte ich außerdem auch mit dem für mich zuständigen Fachprüfer, einem schon ergrauten Professor für Tierzucht, der seinen Lehrstuhl an der Universität in Bonn hatte. Auch er bestellte mich zuerst zu einem Orientierungsgespräch und unterhielt sich mit mir über die bevorstehende Prüfung in Tierzucht, die nach der Prüfungsordnung das Fachgebiet des Bewerbers betraf. Er bedeutete mir, dass er mich vorzugsweise mit Fragen aus der Besamung konfrontieren würde, mir aber ein paar andere Themen aus der Tierzucht nicht ersparen könne. In der mündlichen Prüfung konnte ich dann auch mit der Geschichte der Besamung imponieren, die schon in der Antike Erwähnung findet, dann nach einer abenteuerlichen Legende im 15. Jahrhundert von den Arabern bei Pferden einmal erfolgreich gewesen sein soll und im Mittelalter mit dem Bannstrahl des Papstes belegt war. Dazu konnte ich mich noch mit den geschichtlichen Theorien zu den „Samentierchen" (Spermien) und der Entwicklung der Besamung in Russland zu Beginn des vergangenen Jahrhunderts und weiteren Details dazu interessant machen.

Meine schriftliche Prüfung habe ich vor der mündlichen Prüfung an zwei Tagen an irgendeinem Gymnasium in Bonn zwischen anderen schreibenden jungen Leuten, vermutlich Gymnasiasten in der Abiturprüfung, mit Herzklopfen und feuchten Händen abgelegt. Für die Klausur in Geschichte wie in Tierzucht standen je drei Themen zur Auswahl, von denen je eins zu bearbeiten war. Die mündliche Prüfung, die am Wissenschaftlichen Prüfungsamt der Universität in Bonn abgehalten wurde, dauerte zwar nur zwei Stunden, in denen ich aber zwischen Angst und Aggression hin und her gerissen war. Immer dann, wenn ich in Verlegenheit geriet oder unsicher war, hatte ich das drängende Verlangen, schimpfend und schreiend aufzuspringen, um zu bekunden, dass ich mich nicht mit über die Maßen schweren Fragen demütigen lasse. Nachdem ich diese Marter, ohne auszurasten, überstanden hatte, musste ich recht lange im Flur auf das Ergebnis warten. Ich hatte bestanden, aber ich vermutete nur mit Ach und Krach, weil mir die Beratung danach als sehr lange vorkam. In trotzdem dankbarer Erinnerung habe ich jedoch den Prüfungsvorsitzenden, der im Hintergrund sitzend, mit Mimik und kaum erkennbaren Kopfbewegungen richtig oder falsch signalisierte, wenn ich mit hilflosem Raten versuchte, über die Runden zu kommen. Wenn ich die Prüfung nicht bestanden hätte, wäre das sicher sehr schlimm für mich geworden, weil sie laut Prüfungsordnung nicht wiederholt werden konnte und ich zu dem Schaden auch noch den Spott gehabt hätte. Denn dass ein Laienbesamer nach solch hohen Zielen, Tierarzt werden zu wollen, greift, war zumindest damals in Hannover sehr ungewöhnlich.

Außer mir vor Freude bin ich zurück nach Hannover gefahren, habe dort großspurig meinen Sieg verkündet und offen gelassen, ob ich studieren oder weiter arbeiten wolle. Denn Geldverdienen hatte sachlich betrachtet die größere Priorität, während Studieren mehr nach Übermut aussah, denn schließlich hatte ich eine Familie und das 30. Lebensjahr vollendet. Dazu war ich nach der Gründung des Verbandes Niedersächsischer Tierzucht und Besamungstechniker dort zum ersten Vorsitzenden gewählt worden und merkte, dass man über mich sprach und mich von mehreren Seiten umwarb. Von der damaligen Herdbuchgesellschaft

Mittelweser hatte ich ein ausnehmend gutes Angebot als Stationstechniker für die Besamungsstation in Nienburg, während mir von meiner Dienststelle in Hannover ebenfalls entsprechende Offerten gemacht wurden, da sie mich wohl gerne behalten wollten. Zwischenzeitlich hatte ich trotz Numerus clausus an der Tierärztlichen Hochschule in Hannover einen Studienplatz erhalten und bei meiner Dienststellte so hohe Gehaltsforderungen gestellt, dass ich mit einer Ablehnung rechnete, die mir dann den Vorwand für eine Kündigung liefern sollte. Allen meinen Forderungen wurde schließlich entsprochen, aber als ich mit schlechtem Gewissen und um Verständnis werbenden Worten kündigte, hatte ich etwa zwei Stunden später mein restliches Gehalt und meine Papiere: Ich war fristlos entlassen.

6. Kapitel: Endlich ordentlich Studierender

Wieder einmal im Leben hatte ich zu hoch gepokert und verloren. Denn nach meiner fristlosen Entlassung saß ich jetzt drei Monate vor meinem geplanten Studienbeginn, der mit dem Wintersemester Mitte Oktober 1968 bevorstand, ohne Einkommen zu Hause und machte mir Sorgen. Dabei hatte ich geplant, bis einen Tag vor Studienbeginn zu arbeiten und danach meinen Urlaub zu nehmen, den ich die letzten zwei Jahre aufgespart hatte, um erst einmal studieren zu können, solange das Geld reicht. Mindestens für die ersten zwei Semester, so meinte ich, würden wir zurechtkommen. Die anschließende Prüfung zum Vorphysikum (Naturwissenschaftlicher Teil der Tierärztlichen Vorprüfung), vor der ich großen Respekt hatte, würde ohnehin wegweisend sein, wie es danach weitergehen würde. Von Arbeitslosengeld wusste ich noch nichts, und die Anstellung meiner Frau war auch ausgelaufen, seit wir von Hannover-Kirchrode in ein kleines Dorf östlich von Hannover, nach Dolgen umgezogen waren.

Die Zeit sinnvoll nutzend wandte ich mich gleich meinem nächsten ungelösten Problem zu: der Lateinprüfung. Denn für die Zulassung zum Vorphysikum musste man damals das Kleine Latinum haben. Meinen Lehrer, der mich für die Begabtenprüfung erfolgreich unterrichtet hatte, konnte ich leicht überreden, mir nun auch Latein beizubringen. So habe ich dann die Zeit bis zu meinem Studienbeginn mit Lateinpauken überbrückt, ohne erst einmal irgendeinen Zugang zu dieser toten Sprache zu finden. Zähneknirschend musste ich unendlich viele Vokabeln lernen, Substantive mit den verschiedensten Endungen im Singular und Plural deklinieren, regelmäßige und unregelmäßige Verben konjugieren und den einen oder anderen Ablativus absolutus enträtseln. Als bei Studienbeginn an der tierärztlichen Hochschule ein Abendkursus zum Erwerb des kleinen Latinums ausgeschrieben wurde, habe ich mich dort auch noch angemeldet. Keinem meiner beiden Lateinlehrer habe ich jedoch verraten, dass ich an jeweils anderer Stelle noch Lateinunterricht erhielte. Der Abendkurs, an dem außer den Studenten der Veterinär-, Human- und Zahnmedizin auch Studenten der Pharmazie teilnahmen, wurde mit strikten Lernvorgaben abgehalten, denen ich nur teilweise nachkommen konnte. Ich staunte nur immer wieder, was andere so alles wussten, aber dennoch den Anforderungen unseres gestrengen Lehrers, der damals ein junger Studienassessor war, nicht entsprachen; von mir ganz zu schweigen. Bei aller Strenge hat er mich, vielleicht weil ich der Methusalem in Kurs war, immer freundlich behandelt und auch nicht mit Abfragen vor der Klasse bloßgestellt, wovor sonst niemand sicher war.

Eines abends fiel mir im Kurs auf, dass immer wieder vom Partizip die Rede war, und so schrieb ich mir auf: „Partizip" – wichtig!" Zu Hause wollte ich dann in aller Ruhe nachsehen, was es mit dem Partizip so auf sich hat. Im Duden fand ich Mittelwort als Erklärung, konnte auch damit nichts anfangen. Erst als ich in meinen beiden Lehrbüchern: „Die Deutsche Sprache" und „Lateinische Sprachlehre" nachgeschlagen hatte, konnte ich mir ausmalen, dass ich mit diesem Wort und all seinen Ableitungen mehr als ein Kapitel aufgeschlagen und zu lernen hatte. Um außerdem mit den verschiedenen Partizipialkonstruktionen umgehen zu können, habe ich mich noch vom Verb bis zur Interjektion, mit allen zehn unterschiedlichen Wortarten der Deutschen Sprache auseinandergesetzt und gehofft, dass ich damit den Durchblick erlangte. Aber das gelang mir zunächst noch nicht;

dennoch kam es hin und wieder vor, dass ich im Unterricht die eine oder andere Konstruktionen erkannte, die ich oft genug gehört oder bei dem jeweils anderen Lehrer besprochen hatte.

So kam ich eines Abends mit Verspätung zum Lateinkurs, weil ich im „Bischhofsholer Eck", unserer Stammkneipe vis-a-vis der Hochschule, zu lange gezecht hatte. In der Klasse war es mucksmäuschenstill und ich dachte, es sei niemand da, weil der Unterricht aus irgendeinem Grunde ausgefallen sei. Dennoch klopfte ich an, um nachzusehen, und schon beim Türöffnen merkte ich die Spannung, also eine Klassenarbeit stand auf dem Programm. Der Lehrer sagte mir mit leisen Worten, welches Kapitel aus Caesars „ De Bello Gallico" zu übersetzen war, und so machte ich mich, durch meinen Alkoholpegel euphorisiert, beschwingt an die Arbeit. Ich hatte Glück, denn schnell erkannte ich den Text mit all seinen Konstruktionen, den ich schon mit meinem Privatlehrer haarklein übersetzt und durchgesprochen hatte. Die Verspätung brachte mich auch nicht in Verlegenheit, denn durch die alkoholbedingte Bewusstseinserweiterung war ich mit der Übersetzung schneller fertig als meine Mitstreiter. Unter die Arbeit schrieb ich, ehrlich wie ich manchmal bin: "Text war mir bekannt", woraufhin zur Benotung angemerkt war, „Das merkt man!" Von der Aussicht, darauf die Lateinprüfung überhaupt nur anpeilen zu können, war ich jedoch immer noch sehr weit entfernt. Die Zeit verstrich, und so kämpfte ich bald an zwei Fronten, nämlich weiterhin mit meinem ungeliebten Latein und dazu mit den Verpflichtungen, die sich für mich als Student der Tiermedizin auftaten.

Als mein Studium zunächst ohne Latinum begann, genoss ich es jedoch erst einmal wie in einem glückseligen Rausch, dass ich jetzt als ordentlich Studierender an der Tierärztlichen Hochschule in Hannover akzeptiert war. Ich erlebte die für mich erregende Atmosphäre voller Hörsäle und versuchte möglichst, immer in der ersten Reihe zu sitzen. Zwischen den Vorlesungen drückte ich mich gerne mit andern in unserer Pinte, dem „Pylorus", herum und machte mir zunächst einmal keine Sorgen, wie ich mit dem ganzen Lehrstoff und dem Kleinen Latinum fertig werden sollte. Unsere Physikvorlesungen wurden an der Technischen Universität in Hannover abgehalten, so kam ich in den ersten zwei Semestern, so ich nicht geschwänzt habe, in jeder Woche an einem Tag dorthin. Neugierig habe ich mich auch in andere als die für uns Veterinärstudenten vorgesehenen Vorlesungen eingeschlichen, in der Bibliothek gestöbert, dass Essen der dortigen Mensa probiert und als harmloser Mitläufer und Zuhörer an den Protestveranstaltungen teilgenommen, die später als 68er Studentenbewegung und Außerparlamentarische Opposition oder APO in Erinnerung geblieben sind. Randale, bei der Scheiben, Mobiliar und Einrichtungsgegenstände zertrümmert wurden, habe ich nicht miterlebt, hätte mich aber auch nicht aktiv daran beteiligt. Bei uns an der Tierärztlichen Hochschule merkte man dagegen kaum etwas von den studentischen Unruhen der damaligen Zeit, da Veterinärstudenten immer als relativ konservativ galten und kaum aufbegehrten. Dazu war und ist die Tierärztliche Hochschule Hannover mit ihren weniger als tausend Studenten eher ein „Familienbetrieb", gemessen an der mehrere Tausend umfassenden Studentenschaft der Technischen Universität in Hannover. Bei den damals so genannten Sit-in und Teach-in oder wie auch immer bezeichneten studentischen Protestveranstaltungen an der Technischen Universität habe ich staunend erlebt, wie mutig und frech manche Studenten, mit Megaphonen bewaffnet, argumentierten und Protest machten.

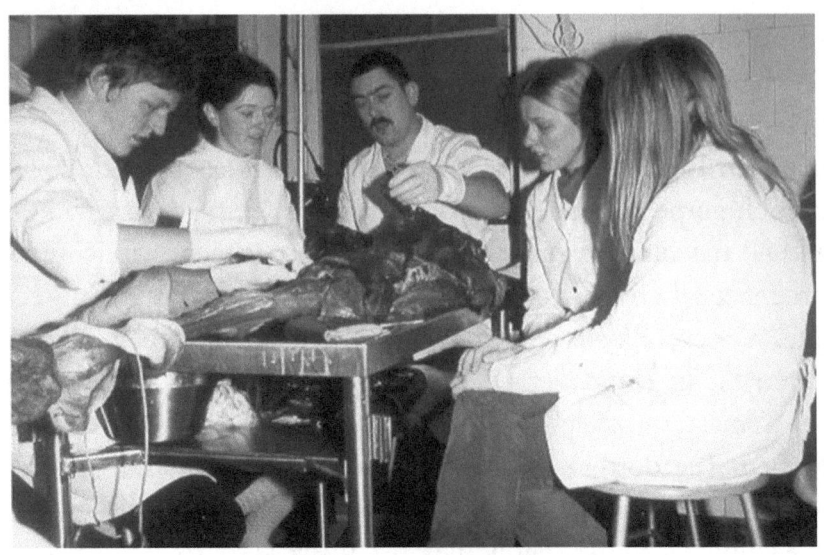

Anatomischer Präparierkurs – Anatomie verlass mich nie

An der TiHo, wie unsere Alma Mater von den einen liebevoll und von anderen respektvoll genannt wurde, lief der Hochschulbetrieb ungestört von den Studentenunruhen weiter, und ich machte mir dann doch langsam Sorgen, wie ich den Anforderungen mit Vorlesungen, Übungen und vor allem den Präparierkursen in der Anatomie gerecht werden sollte. Dennoch kam ich weit besser zurecht als ich das anfangs erwartet hatte, und wieder waren es besonders die Mädchen, die mir halfen. Für verschiedene Übungen und Prüfungen wurden kleine Gruppen mit vier bis fünf Teilnehmern gebildet, ich landete in einer Gruppe, die zwei Mädchen dominierten, mit denen ich bis zum Schluss des Studiums alles durchgestanden habe. Nur die Lateinprüfung wurde zum Alptraum für mich, denn obgleich ich in den ersten zwei Fachsemestern alle Testate in der Anatomie, die anderen Übungen und Kurse problemlos zertifiziert bekam, konnte ich den erfolgreichen Abschluss der Lateinprüfung für die anstehende Prüfung zum Vorphysikum nicht beibringen. Erst durch eine ministerielle Ausnahmegenehmigung wurde ich zu dieser Prüfung ohne das kleine Latinum zugelassen, musste es aber nach dem vierten Fachsemester mit der Meldung zum Physikum vorlegen. Damit hatte ich zunächst alle meine Probleme gelöst. Ich konnte mit der Prüfung, zu der ich jetzt zugelassen war, den naturwissenschaftlichen Abschnitt meines Studiums abschließen und danach ohne Einschränkung mit dem Studium des anatomisch-physiologischen Teiles beginnen bzw. weiter studieren. Für mein Latinum hatte ich ein Jahr Galgenfrist, in dem ich erneut einen Lateinkurs an der Hochschule belegte und auch bei meinem Privatlehrer weitermachte. Mehr verzweifelt als zuversichtlich habe ich mich vor Ablauf dieser Frist gleich an mehreren Gymnasien (Kassel, Marburg, Hannover, Wuppertal) zur Lateinprüfung angemeldet, weil ich ohne großen Zeitverlust in die nächste Lateinprüfung gehen wollte, wenn ich beim ersten oder zweiten Versuch gleich durchfallen sollte. Seltsam genug schon bei meinem ersten Anlauf am FRIEDRICHGYMNASIUM in Kassel erwarb ich das „Zeugnis über eine Prüfung im Lateinischen (Kleines Latinum)", wie es neben anderem in dem neu erworbenen Zertifikat heißt. Weiter wurde mir bescheinigt, dass ich die schriftliche und mündliche Prüfung mit „ausreichend" bestanden hätte, in der ich bildlich gesprochen Blut und Wasser geschwitzt hatte. Dennoch hegte ich keinerlei Groll gegen die Prüfer, hatten sie mich doch bestehen lassen. Später habe ich dann manchmal mit meinen kleinen Lateinkenntnissen imponiert, als hätte ich das klassische Latein von SENECA und CICERO bewältigt und damit das große Latinum erworben.

Meine beiden Lateinlehrer, immer noch ohne voneinander zu wissen, machten mir Komplimente und gratulierten mir zur bestandenen Lateinprüfung. Der Studienassessor sagte mir dazu noch, dass ich, gemessen an meinen Klassenkammeraden, vielmehr zu leisten hatte, da diese wohl aus Bequemlichkeit ihr Latein im Gymnasium irgendwann abgewählt hätten, während ich ohne Vorkenntnisse angetreten sei. Mein alter, über alles verehrter Lateinlehrer bedauerte dagegen, dass es künftig keinen Anlass mehr gäbe, uns zu treffen, worauf ich ihm versicherte, dass ich ab und zu auf Besuch kommen wolle. Bei diesem Versprechen ist es geblieben, bis ich eines Tages eine Karte mit lateinischem Text erhielt, die ich nach mühseliger Übersetzungsarbeit als Einladung zu einer Weinprobe begriff. Aus Dankbarkeit und auch weil ich den alten Herrn sehr mochte, haben wir uns dann immer wieder einmal zu einer Weinprobe in seinem Hause getroffen. Dort wurde es bald zu einem Ritus, dass er lange zwischen verschiedenen Weinsorten wählte, aber aus gesundheitlichen Gründen kaum etwas davon trank, während ich den Wein wie Bier schluckte, was ich angeblich heute noch so mache (Behauptung meiner Frau). Manchmal erzählte er mir sehr selbstkritisch aus seinem Leben als Lehrer am Gymnasium in Lehrte und hatte wohl seinen Spaß, wenn ich von meinen unrühmlichen Taten als Sitzenbleiber berichtete. Besonders ist mir seine Bescheidenheit in Erinnerung geblieben, die vorbildlich war, aber bei mir vielleicht nicht gut genug abgefärbt hat, obgleich ich immer ehrfurchtsvoll zu ihm aufblickte. Wenn ich nach längerer Pause wieder einmal von ihm eingeladen war und dann um Verständnis werbend Notlügen vorbrachte, entgegnete er mir immer, dass es an ihm sei, dafür zu sorgen, dass unsere Verbindung erhalten bleibe. Denn er sei im Ruhestand und hätte Zeit, während um mich das Leben pulsiere und alles andere für mich wichtiger sei, als ihn zu besuchen. Schade, dass ich ihn nicht mehr wissen lassen kann, was ich ihm alles zu verdanken habe.

Nachdem ich meinen Exkurs ins Lateinische und auch den anatomisch-physiologischen Teil meines Studiums, das Physikum hinter mir hatte, konnte ich ohne weiteres Handikap in den klinischen Teil des Studiums einsteigen. Meine Frau arbeitete wieder als Büroangestellte, und ich bezog eine Studienförderung nach dem Honnefer Modell, womit wir einigermaßen gut über die Runden kamen. Unser Sohn wurde, solange er noch nicht in die Schule ging, von seiner Mutter mit ins Büro genommen oder es kümmerte sich eine Frau um ihn, die mit uns im selben Haus wohnte. Auch war er manchmal bei seiner Oma in Wuppertal. Als er eingeschult war, gingen wir früh sehr oft gemeinsam aus dem Haus, er in die Schule und ich zur Hochschule. In den Semesterferien, in denen ich zu Hause für meine Prüfungen büffelte, war er mit seinen Schularbeiten unter meiner Aufsicht, was ihm nicht gefiel; wenn ich Vorlesungen schwänzte, meinte er oft „Guck mal auf deinen Vorlesungsplan, dass du nicht gerade eine wichtige Vorlesung verpasst". Manchmal, wenn er spielte und dabei zuhörte, wie ich mir mit lautem Vorsagen immer wieder die gleiche Wortfolge versuchte zu merken, sagte er sie plötzlich nach oder reimte etwas dazu. Gut in Erinnerung ist mir geblieben, als ich, mit dem Lateinbuch in der Hand, immer wieder die Stammzeiten des Verbums „pello" (stoßen, treiben) laut vor mich hin sagte: pellere, pello, pepuli, pulsus und Robin nach der x-ten Wiederholung ganz unvermittelt in der Wortreihe „Popel" anhängte. Von da an konnte ich die Stammzeiten dieses Verbs auswendig und habe sie bis heute nicht mehr vergessen.

Überhaupt habe ich damals versucht, mit Eselsbrücken, Auswendiglernen und anderen Methoden den anstehenden Lehrstoff zu bewältigen. Dabei habe ich bei meinen Spaziergängen durch die Feldmark um Dolgen Stichwörter von meinen Merkzetteln an Bäume oder auf Steine geschrieben, die sich dadurch meist direkt in meinem Gedächtnis verankerten. Mit dieser Methode konnte ich mir besonders gut die verschiedensten Gruppenzugehörigkeiten und Verwandtschaften chemischer Verbindungen, Stammbäume aus der Zoologie oder Virusgruppen mit ihren unterschiedlichen Bezeichnungen und Eigenschaften und vieles, vieles mehr einbläuen. Bei einem späteren Besuch in Dolgen wollte ich herausfinden, ob nach über dreißig Jahren noch Fragmente meiner heimlichen Kritzeleien irgendwo zu finden sein, und wurde fündig. An einer Dachrinne des Hauses, in dem wir damals wohnten, sind die mit Bleistift gemachten Aufzeichnungen noch zu lesen. Grafit, auf Zink aufgebracht, geht offenbar eine sehr lange haltbare Verbindung ein. Da mich weder damals noch später jemand auf dieses ungewöhnliche Treiben angesprochen hat, ist es wohl außer meiner Frau niemandem aufgefallen. Allein sie hatte eines Tages entdeckt, dass ich im Wohnzimmer, das auch mein Studierzimmer war, in den Ecken die freien Stellen unserer guten Ornamenttapeten mit Bleistift beschriftet hatte. Auf ihren Protest hin habe ich versucht, mit Radiergummi und Messerspitze alles wieder zu entfernen, was mir aber nicht restlos gelungen ist. Unter einer Dachschräge sind die Aufzeichnungen nicht entdeckt und deshalb auch nicht entfernt worden. Bei unserem Auszug habe ich sie schmunzelnd und mit Wehmut ein letztes mal betrachtet und der Zeit ihrer Erstellung gedacht. Erst später sind mir die Zusammenhänge verständlich geworden, dass ich mit dieser Lernmethode Gedächtnisspuren und Verknüpfungen (Engramme) gesetzt habe, die mir mit ermöglicht haben, meine Prüfungen zu bestehen.

Meine Erwartungen, das Studium in den klinischen Semestern betreffend, erfüllten sich so halb und halb. Denn einerseits hörte

ich Vorlesungen, die für mich so fesselnd wie eine Märchen-
stunde waren, von denen ich nicht genug kriegen konnte, während ich mich für andere kaum interessierte, die ich dann auch
immer mehr geschwänzt habe. Die obligatorischen Kurse und
Pflichtübungen musste dagegen jeder von uns diszipliniert ab-
arbeiten, ob sie gefielen oder nicht. So kostete es mich zum Beispiel unendlich große Überwindung, im Institut für Pathologie
bei der Sektion toter Tiere mit Hand anlegen zu müssen. Die
anatomischen Präparierübungen zum Vorklinikum hatten mir
schon zuschaffen gemacht, waren aber nichts gegen die Pathologie, wo mir allein der Verwesungsgeruch reichte, ohne dass
ich mich bei der Untersuchung von Tierkadavern aktiv beteili-
gen musste. Dagegen fand ich die Pathologievorlesungen über
die Maßen lehrreich und interessant, denn hierbei ging es um die
Entstehung von Krankheiten und den Verlauf bis in den Tod.
Seit ich die verschiedenen Mechanismen kenne, die eine lebens-
verkürzende Wirkung haben, mache ich mir, je älter ich werde,
immer mehr Gedanken über meine Jugendsünden. Aber zunächst hatte ich außer den Sektionsübungen in der Pathologie
noch so meine Probleme in der Pferdeklinik, weil ich Pferde
nicht mag, was aus meiner Kindheit herrührt. Aber noch weniger
mochte ich in der Kleintierklinik Hunde, Katzen und anderes
Getier untersuchen oder für therapeutische Zwecke hantieren.
Zu einem Hund konnte ich nicht in die Box, weil er mir schon
die Zähne entgegen fletschte, wenn ich nur an die Türe kam,
offenbar mochte er mich so wenig wie ich ihn. Eine Kommilito-
nin untersuchte ihn und lieferte mir die Daten für den Kranken-
bericht, denn sie hatten keinerlei Probleme, für die Untersuchung zu ihm in die Box zu kriechen. Ein anderer alter und sehr
fetter Hund, der hochgradig an Zuckerkrankheit litt, ließ sich
dagegen alles von mir gefallen, ist aber am Ende verendet. Von

da an wurde ich von meinen Studienkollegen im Spaße immer wieder damit gehänselt, dass die Patienten meine Behandlungen mit dem Tode bezahlen. In die Rinderklinik und in die Klinik für Geburtshilfe und Gynäkologie ging ich dagegen gerne und öfter, als ich musste, denn dort ging es um die einzige Spezies, mit der ich mich angefreundet hatte, Rinder. Dort habe ich auch mehr getan als es meine Pflicht war. Gerne habe ich bei Schwergeburten geholfen, mit aller Kraft gezogen, wenn das nötig war, oder bei Kaiserschnitten den Operateuren manchmal im Weg gestanden. Im Institut für Andrologie und Haustierbesamung hatte ich ohnehin leichtes Spiel und war dazu als ehemaliger Besamungstechniker auch von den Übungen zur Insemination befreit, ohne dass darüber verhandelt worden wäre.

Immer wieder war ich unsicher und fragte mich, ob Tiermedizin das richtige für mich sei. Die Technische Universität in Hannover hatte es mir angetan, denn dort hätte ich gerne Elektronik, Radio- und Hochfrequenztechnik studiert. Von Zweifeln getrieben, ging ich schließlich zur studentischen Berufsberatung, um mich beraten zu lassen, was ich machen sollte. Nach einigem Hin und Her wurde ich zu einem psychologischen Eignungstest geschickt, bei dem ich an zwei aufeinander folgenden Tagen unter Zeitdruck und mit der Stoppuhr Aufgaben zu lösen hatte. Dazu musste ich einen Aufsatz mit dem Titel: „Ein Mensch, den ich gut kenne" oder so ähnlich schreiben. Der Test und das ganze Drumherum behagten mir ganz und gar nicht, dennoch habe ich alles zähneknirschend zu Ende gebracht. Als Ergebnis stellte sich heraus, dass ich das falsche Studium ergriffen hatte, weil meine Eignung oder Begabung im mathematisch-naturwissenschaftlichen Bereich liegen. Weiterhin wurde mir erklärt, dass ich mich im Wissensgebiet der Tiermedizin nur als praktischer Tierarzt eigne und nicht etwa für Forschung und Lehre. Nach weiteren Beratungen habe ich dann doch Tiermedizin weiter studiert, weil ich in diesem Fachbereich schon recht weit fortgeschritten war und als ehemaliger Besamungstechniker eine zusätzliche Eignung mitbrachte. Denn der Wechsel in ein anderes Studium hätte zur Folge gehabt, dass ich wieder ganz von vorne hätte anfangen müssen, was ich mir weder leisten wollte noch konnte. Damit schien beschlossen, dass ich Tierarzt werden und möglicherweise wieder in der Besamung arbeiten würde. Mit dieser Zielvorgabe habe ich ein Semester nach dem anderen abgearbeitet und die anstehenden Prüfungen immer pünktlich abgelegt. Zu allem Überfluss war ich noch zum Semestersprecher gewählt worden und habe mich in dieser Funktion neben verschiedenen kleinen studentischen Aktionen noch zu einer schriftlichen Protestnote gegen unseren damaligen Parasitologieprofessor hinreißen lassen, die mir danach schlaflose Nächte bereitete und mich einiges an Sympathien bei verschiedenen Professoren gekostet hat. Dennoch habe ich mich in den Folgeprüfungen nicht benachteiligt gefühlt, obgleich ich das erwartet und befürchtet hatte. Zusätzlich zu den obligatorischen Veranstaltungen und Vorlesungen belegte ich noch außer Konkurrenz Biomathematik und Übungen für Statistik, was mir später sehr zustatten kommen sollte.

Da mir meine Lesegeschwindigkeit zu langsam war, zumal ich auch nicht gerne las, kamen mir die Kurse für dynamisches Lesen an der Hochschule gerade recht, die ich mit Fleiß und Sorgfalt wahrnahm. Auf die Kurse angesprochen, habe ich meistens geantwortet: „Jetzt kann ich so schnell lesen, dass ich am Ende nicht mehr weiß, was ich alles gelesen habe". Aber allen Ernstes, nützlich und hilfreich waren die Kurse schon. Auch sonst habe ich kaum etwas ausgelassen, was mir als Student an der Hochschule oder anderweitig zugänglich war. So habe ich im letzten Studienjahr auch manche Tierarztvertretungen angenommen, ohne dass ich das eigentlich durfte. Meine Feuertaufe als angehender Tierarzt habe ich dabei in Bad Oldeslohe erlebt, wo ich mit Blutentnahme für die Reihenuntersuchungen auf Leukose und Brucellose wie mit Massenimpfung gegen die Maul- und Klauenseuche gut Geld verdiente. Der damals mir müde und abgekämpft erscheinende alte Praxisinhaber, bei dem ich arbeitete, hat mich zu meiner täglichen Arbeit so manche Nacht aus dem Bett geschmissen, wenn ich zu Notfällen, in der Regel Schwergeburten bei Kühen, gerufen wurde. In gefälliger Erinnerung habe ich dagegen immer noch seine Familie, eine hübsche Tochter, die sich gerade mit dem Abitur plagte, und seine Frau, die mich verwöhnte und, wenn Zeit war, gerne eine Flasche Wein für uns aufmachte.

Meiner Überzeugung, letztendlich Tierarzt zu sein, stand längst nichts Ernstzunehmendes mehr im Wege, und ich meinte schließlich, dazu auch noch Doktor werden zu sollen. Also kümmerte ich mich um eine Doktorarbeit und konnte bereits im fünften Semester als Famulus im Institut für Tierzucht anfangen zu doktorieren. Denn dort wurde im Januar 1971 gerade ein Klimakammerversuch an sechs Bullen vorbereitet, deren Reaktionen auf erhöhte Umgebungstemperaturen vergleichend untersucht werden sollte. Da ich vor meinem Studium in der direkten Nachbarschaft des Institutes vier Jahre auf der Besamungsstation mit Bullen gearbeitet hatte, war ich längst als Bullenbändiger abgestempelt und lief mit meiner Bewerbung als Doktorand offene Türen ein. Ich wurde angenommen, mein Doktorvater informierte mich über die Zielsetzung der gesamten Versuchsanordnung und den Teil der Untersuchung, der mir dabei zukommen sollte. Die geplante Dissertation war erwartungsgemäß ein Teilaspekt der Gesamtuntersuchung. Der Gegenstand meiner Forschungsarbeit wurden die Hodensäcke der sechs Bullen. Im Besonderen ging es dabei um die Erfassung der Oberflächentemperatur und die Thermoregulation des Hodensackes bei erhöhter Umgebungstemperatur. Schon bei meinem Literaturstudium rund um den Einfluss der Temperatur auf die männlichen Keimdrüsen, die Mechanismen der Thermoregulation bis hin zur gestörten Spermienbildung und -reifung (Spermiogenesedepression) erfuhr ich sehr viel Interessantes zur Unfruchtbarkeit männlicher Individuen bei Mensch und Tier. Staunend lernte ich, warum die Männer mancher Berufsgruppen weniger zeugungsfähig sind als andere, welche Stressoren zu vermehrter Unfruchtbarkeit bei Männlein und Weiblein führen, was dagegen wiederum zur Häufung von Schwangerschaften beziehungsweise zu erhöhten Fortpflanzungsraten einzelner Spezies führt und vieles, vieles mehr zu den Mechanismen der Arterhaltung und Reproduktion.

Die Probanden für meine Doktorarbeit im Klimakammerversuch

Die zu untersuchenden Bullen hatten natürlich kein Verständnis dafür, dass ich ihnen Thermoelemente an den Hodensack kleben wollte, wehrten sich, rissen die Ableitungen kaputt und tobten sich aus, wenn ich an ihnen herumdokterte. So habe ich dem unleidigsten unter ihnen mehr aus Wut und Verzweiflung als mit Verständnis durch Beruhigungsspritzen zahm gemacht, bis er eines Tages an einer Überdosis beinahe umgekommen währe. Er hatte zu viel Rompun® erhalten, legte sich hin und streckte alle viere von sich. Zuerst dachte ich, das wird dir (dem Bullen) gut tun, und ich könnte in aller Ruhe meine Thermoelemente ankleben, aber als ihm die Zunge schlaff aus dem Maul heraushing und der Speichel unaufhaltsam floss, merkte ich, dass es zuviel war. Gegen Rhompun gab es kein Gegenmittel, so dass ich ihm nur Herz – und Kreislauf stärkende Medikamente spritzen konnte; er musste seinen Rausch ausschlafen, so er nicht entschlafen wollte. In meiner Not habe ich dann noch die Temperatur der Klimakammer gesenkt, um den Hitzestress zu mildern und so hat er so oder so überlebt. Da mein Filius Robin immer gerne dabei war, wenn ich zu den Bullen fuhr, hat er sich danach vorne vor die Krippe gestellt und den Bullen mit einem langen Stecken leicht auf den Kopf oder die Hörner getrommelt. Damit wurden sie abgelenkt, wenn ich hinten Thermoelemente angeklebte und Temperatur gemessen habe. Für weitergehende Untersuchungen konnte ich dann noch mit einer Wärmebildkamera (Infrarotthermographie) das Profil und den Temperaturverlauf am Hodensack der Bullen nach unterschiedlicher Thermobelastung fototechnisch dokumentieren und den experimentellen Teil der Arbeit weiter vertiefen.

Die statistische Auswertung meiner thermoelektrischen Messungen in Verbindung mit der Aufschlüsselung unendlich vieler

Thermogramme (Temperaturverteilung) und meine daraus abgeleiteten Schlüsse, die ich in der Doktorarbeit ausführlich beschrieben habe, müssten doch eigentlich jeden begeistern, der die Arbeit liest; aber nichts dergleichen geschah. Mein Doktorvater, der wohl seine Last mit der Korrektur des Manuskriptes hatte, verwies im Text auf Wiederholungen, unklare Aussagen, unverständliche Passagen und orthographische wie stilistische Fehler. Mit einer Textpassage habe ich seine Geduld wohl so sehr strapaziert, dass er zusätzlich zur Korrektur noch anmerkte: „Herr Görlach, müssen Sie mir das zumuten?" Worum es dabei ging, weiß ich nicht mehr; sicherlich Orthographie. Mit seiner, des ersten Gutachters geduldigen Hilfe, hat die Arbeit auch die Hürde des zweiten Gutachters, eines Professors für Andrologie genommen, und wurde schließlich als Doktorarbeit von der Hochschule akzeptiert und publiziert. Das anerkennende Echo aus der Fachwelt blieb aus, wie das im allgemeinem so mit Doktorarbeiten ist, allein im Literaturverzeichnis wissenschaftlicher Publikationen fand ich später hier und da einen Hinweis auf mein Werk. Diese Missachtung konnte ich damals nicht verstehen, denn ich war davon überzeugt, dass es niemanden gibt, der von der Thermoregulation des Hodensackes bei Bullen soviel versteht wie ich, und welche große Bedeutung das für die künstliche Besamung hat. Inzwischen weiß ich jedoch, dass sich Besamungsbullen mehr über ihre Spermaqualität und Befruchtungskapazität als über ihre skrotale Thermoregulation definieren und geschlachtet werden, wenn sie unfruchtbar sind.

Nachdem ich im November 1973 mit der letzten Prüfung mein Staatsexamen als Tierarzt abgeschlossen hatte, wendete ich mich wieder meiner Doktorarbeit zu. Der experimentelle Teil war zu dieser Zeit längst abgeschlossen, eine dem Thema entsprechende

Veröffentlichung erschienen und wie es in einem Arbeitsbericht vom 25.01.1974, unter anderem heißt: „Fragmente der Arbeit sind bereits als Manuskript vorhanden. Das eigentliche Zusammenschreiben der Arbeit und die Korrektur sollen im Februar bis Ende März 1974 gemacht und abgeschlossen werden". Dieser optimistischen Vorgabe konnte ich mit einer kleinen zeitlichen Verzögerung gerecht werden, und nachdem ich die Doktorarbeit im Wesentlichen fertig gestellt hatte, wollte ich mich ein Weilchen auf die faule Haut legen. Denn im Gegensatz zu meiner Frau glaubte ich, mir so etwas wie eine Auszeit verdient zu haben, in der ich mich zu Hause schonen wollte. Sie aber meinte, dass sie von der jahrelangen Doppelbelastung durch Vollzeitbeschäftigung als Büroangestellte in Hannover, von unserer Haushaltsführung in Dolgen und dem dauernden Pendeln mit dem Bus über x-Dörfer nach Hannover genug habe und ich endlich anfangen solle zu arbeiten. Dazu wollte sie sich auch unserem Sohn Robin mehr zuwenden, der inzwischen 10 Jahre alt geworden war. Diese Zuwendung verstand er jedoch mehr als Aufsicht und Kontrolle und hätte stattdessen lieber den Status quo ante beibehalten. Ich dagegen fügte mich dem unausweichlichen Zwang widerstandslos, kümmerte mich um Arbeit und startete bereits am 01.06.1974 ohne irgendeine Auszeit mein neues Berufsleben als Tierarzt. Ein halbes Jahr später am 20.12.1974 wurde ich noch zum DOCTOR MEDICINAE VETERINARIAE promoviert, womit der endgültige Schlusspunkt unter mein abwechslungsreiches aber auch sehr schönes Studentenleben gesetzt war.

Nach erfolgter Promotion auf der Tierärztlichen Hochschule in Hannover kommen die ersten Gratulanten

Oft habe ich danach meiner Studentenzeit nachgetrauert, in der ich davon beseelt war, geradezu jeden Tag etwas dazuzulernen und mit einem Stipendium dafür auch noch bezahlt wurde. Andere mussten für ihr Geld arbeiten und finanzierten mit ihrer Lohnsteuer dazu mein Studium (Studienplatz, Studienförderung) mit. Gerne hätte ich nach meiner letzten Prüfung gleich noch ein Zweitstudium an der Technischen Universität in Hannover angehängt, konnte es mir aber nicht leisten, denn dafür hätte ich wahrscheinlich kein Stipendium bekommen und außerdem hätte das meine Frau nicht mitgemacht. Die Promotion haben wir gleich nach der offiziellen Proklamation in Hannover ausgiebig gefeiert und am nächsten Tag noch etwas wilder in Neustadt an der Aisch. Weder von den heimlichen Vorbereitungen zu den Feiern auf der Besamungsstation in Hannover-Kirchrode noch derer in Neustadt hatte ich eine Ahnung. Auch wurde mir bei beiden Feiern je ein Doktorhut verpasst.

Promotionsfeier mit Arbeitskollegen in Neustadt a. d. Aisch

7. Kapitel: Neuer Beruf, neues Glück

Der Zufall ist ein Rätsel, fand der Dichter Friedrich Hebbel schon vor 200 Jahre, und auch mir war es ein Rätsel, dass ich ausgerechnet wieder in Neustadt an der Aisch meinen Neuanfang hatte, nachdem ich dort, aus der DDR kommend, schon einmal in einen ganz neuen Lebensabschnitt gestartet war. Nach dem Studium wäre ich zu gerne in Hannover geblieben, hatte dort aber keine Chance. Denn aus geheimen Quellen erfuhr ich, das mir zugestanden wurde, ein guter Besamungstechniker gewesen zu sein, was sich übertragen auf meinen neuen Beruf aber erst noch zeigen müsse. Jedoch in Neustadt kümmerte es allem Anschein nach niemanden, ob ich als praktischer Tierarzt taugte oder nicht, vielmehr fragten mich alte Bekannte und Freunde eher spöttisch als anerkennend, ob sie mich denn künftig, mit „Herr Doktor" anreden müssten, während mir andere mit ironischem Unterton sagten, dass ich nun wohl weniger zu ihnen als vielmehr zu den Eierköpfen (damalige anerkennende wie lästerliche Bezeichnung für die Studierten) gehöre. Ich habe das alles mit heimlichem Stolz zur Kenntnis genommen und erfreute mich der Sympathien, die ich irgendwie glaubte noch zu haben. Gerne ging ich abends in meine mir von früher alt vertrauten Kneipen, trank leise ein paar Halbe (normales Helles 0,5 l), gedachte meiner schönen Zeit von vor gut 15 Jahren und wusste nicht, ob ich damals oder jetzt die schöneren Tage hatte. Die nordbayerische Lebensart mit ihren rustikalen Umgangsformen und dem gastfreundschaftlichen Verhalten den Zugereisten gegenüber hatte ich längst schätzen gelernt, und gerne habe ich mir gefallen lassen, wenn ich im Spaße dafür bedauert wurde, dass ich ein Preuße sei; wie das in Bayern jedem widerfährt, der nicht „Bairisch zu reden versteht".

Meine Anstellung als Besamungstierarzt hatte ich bei der Firma SPERMEX in Neustadt erhalten, die den Spermaex- und –import[7] für die Besamungsstationen der BRD abwickelte. Zunächst saß ich im Büro, beantwortete Anfragen zu Besamungsprojekten, die in Entwicklungsländern geplant waren oder schon betrieben wurden, korrespondierte mit den Repräsentanten der Firma in verschiedenen Ländern, wenn es technische Probleme (Besamungsinstrumente, TG-Sperma) gab oder kümmerte mich um neue Bestellungen/Aufträge. Dazu musste ich mich manchmal mit der Übersetzung von Gesundheitszeugnissen aus dem Englischen ins Deutsche abmühen, wenn Krankheiten oder Tierseuchen aufgeführt waren, die unter der Bezeichnung des Ursprunglandes auftauchten und in keinem der mir zugänglichen Fach- und Wörterbücher zu finden waren. Denn die elektroni-

---

[7] Der Spermaex- und –import respektive der weltweite Handel mit bovinem TG-Sperma begründet sich darin, dass die verschiedenen Rinderrassen sehr unterschiedliche Leistungsmerkmale haben, die genetisch fixiert sind. Dazu gibt es innerhalb der Rassen sehr großes Leistungsunterschiede, die durch gezielte Besamungszuchtprogramme (Einkreuzung, Verdrängungskreuzung) ausgeglichen werden können. So produzierte in Deutschland eine überdurchschnittlich gute Milchkuh der Rasse Schwarzbuntes Niederungsvieh in der Mitte des vergangenen Jahrhunderts jährlich um die 3.000 Liter Milch, während heutzutage die Nachkommen dieser Rasse (jetzt als Holsteinfriesen bezeichnet) erst ab einer Jahresleistung von über 9.000 Liter Milch als überdurchschnittlich gut bezeichnet werden. Diese Leistungssteigerung ist in den letzten fünfzig Jahren durch Besamungszuchtprogramme, eine strenge Selektion auf Leistung und ein besseres Herdenmanagement zustande gekommen. Auch der internationale Genaustausch vermittels TG-Sperma und Embryonen hat daran einen sehr großen Anteil. Weit größer als die aufgezeigte Leistungsdifferenz ist dazu der Unterschied zwischen den europäischen Rinderrassen (Bos taurus) und den in Afrika und anderen tropischen Ländern vorherrschenden Rassen (Bos indicus), deren Kühe nur um die 800 Liter Milch pro Jahr produzieren. Mit der Einkreuzung von Bos taurus in Bos indicus Rassen (z. B. via Besamung) entsteht eine enorme Leistungssteigerung bei den Nachkommen (F_1-Generation) durch Heterosis und Überdominanz, was besonders für Entwicklungs- und Schwellenländer von großem Interesse ist.

sche Such- und Übersetzungsmaschine Google gab es noch nicht und auch bei der charmanten Mrsdewey.com konnte man noch nicht nachschlagen. Dazu produzierte der Fernschreiber (Telefax und Email gab es auch noch nicht) an manchen Tagen ein Telex nach dem anderen, die von unseren sprachkundigen Sekretärinnen gleich übersetzt und je nach Zuständigkeit zur Bearbeitung weitergeleitet wurden. Gerne habe ich dabei Fernschreiben auf Deutsch diktiert, die dann als ordentlich in Spanisch oder Französisch abgefasste Telexe mit freundlichen Grüßen von mir versandt wurden. Für Englisch war ich natürlich mein eigener Dolmetscher, brauchte aber immer nur alles zu diktieren, was mir im Englischen wie im Deutschen leichter fiel als selbst zu schreiben. So herrschte bei der SPERMEX immer eine aufregend interessante Betriebsamkeit, die nicht selten in Hektik und Stress ausartete, wenn die Abwicklung terminierter Exportaufträge ins Stocken gerieten, weil von irgendeiner Besamungsstation Teillieferungen, Veterinäratteste oder Untersuchungsbefunde für den Versand nicht rechtzeitig verfügbar waren und dadurch die Zusammenstellung einer Sendung Probleme brachte. Für meine Familie hatte ich eine passende Wohnung in Neustadt gefunden; sie folgte mir bald mit Sack und Pack ins schöne Land der Franken.

Da ich als Besamungstierarzt angestellt war, obgleich ich noch lange keine Anerkennung als Fachtierarzt für dieses Fach hatte, wurde ich von meiner Firma als Spezialist für Besamung auf Fachtagungen, zu Kongressen, Landwirtschaftsmessen und auf deutsche Entwicklungsprojekten bis nach Afrika geschickt. Es war kaum ein Tag wie der andere, und ich empfand meine Dienstreisen wie Urlaubsausflüge, für die ich auch noch bezahlt wurde. Zunächst ging es vor allem darum, dass ich die Firma als

Verladen einer Spermasendung für Nordamerika am Frankfurter Flughafen

Besamungstierarzt repräsentierte und ihre Interessen vertrat, wenn es um den weltweiten Spermahandel oder bei tierärztlich-tierzüchterischen Tagungen in Deutschland um Belange ging, die den Spermaim- und -export tangierten. Es fiel mir leicht, als bescheidener Zuhörer an Sitzungen zu Hygiene- und Besamungsfragen (ISO-, IBR-, Besamungstagungen, usw.) teilzunehmen, wo ich nur den Mund aufmachte, wenn ich gefragt wurde. Dabei hatte ich leichtes Spiel, weil ich als Repräsentant der Firma SPERMEX mehr Beachtung fand als mir zukam. Zudem habe ich mit der großzügigen Weitergabe meiner schmucken Visitenkarte, die ich von der Firma hatte, dafür gesorgt, dass ich nicht gleich wieder in Vergessenheit geriet. Nach diesem relativ leichten Einstieg in die internationale Welt der Tierzucht und Besamung sollte es aber auch noch ganz anders für mich kommen.

Im Büro hatte ich anfangs schon so meine liebe Not, die an mich gestellten Anforderungen als Bürokrat zu erfüllen, doch war es manchmal erheblich schwerer, wenn Fernreisen wegen vermeintlicher Reklamationen für mich anstanden. In einem Falle (Land in Afrika) erklärte man mir gleich bei meiner Ankunft äußerst anklagend, dass mit dem TG-Sperma aus Deutschland eine im Land noch unbekannte Seuche eingeschleppt und ausgebrochen sei, während anderenorts (Land in Fernost) das Sperma befruchtungsuntauglich sei. Beides konnte letztendlich durch spermatologische Laboruntersuchungen als nicht zutreffend geklärt werden, und ich hatte nach meiner Rückkehr nur noch dass Problem, mich bei meiner Berichterstattung mit vorgetäuschter Bescheidenheit gut zu positionieren. Durch die erfolgreiche Lösung solcher und anderer Aufgaben wurde ich schließlich auch von anderen Firmen beauftragt, bei Reklamationen im Ausland zur Klärung entstandener Schäden vor Ort beizutragen. So habe ich über die Jahre mit zunehmender Erfahrung bis zum Schluss meiner beruflichen Tätigkeit in verschiedenen Ländern erkrankte und vermeintlich unfruchtbare Rinder und Bullen untersucht, die aus Deutschland importiert waren. Denn bei Schiffs- und LKW-Transporten kam es immer wieder durch Aborte bei trächtigen Tieren, allgemeine mechanische Verletzungen und durch Stress ausgelöste Allgemeinerkrankungen zu Schäden. Manchmal verbargen sich die Probleme aber auch an den neuen Standorten, wo die Tiere extremen Umweltbedingungen (große Hitze, ungenügende Futtergrundlage) ertragen mussten oder unter Krankheitserregern litten, gegen die sie keine natürliche Immunität hatten. So reiste ich mehrfach als so genannter Experte für tierärztliche Belange mit einer Kommission in verschiedene Länder des Nahen Ostens, in die Ukraine und einmal bis nach China. Derartigen Anfragen kam ich sehr gerne nach, denn bei solchen Reisen brauchte ich mich weder um ein Visum, Flugticket noch um Hotel oder sonst etwas zu kümmern, weil das alles vom Sekretariat der jeweils auftraggebenden Firma erledigt wurde. Vor Ort bin ich dann dafür aber auch zur Sache gekommen und habe getreu meiner tierärztlichen Ausbildung der Reihe nach mit Angucken, Abhören und Betasten (Adspektion, Auskultation, Palpation) alles gründlich untersucht, was mir vorgestellt wurde; dabei habe ich mich auch nicht geziert, wenn ich ohne Schutzkleidung in den Dreck steigen musste.

Bei einem Besuch auf einer Besamungsstation (Land in Nordafrika) hat mich einmal sehr beeindruckt, dass mich ein Bullenpfleger vor einem als aggressiv eingeschätzten Bullen schützen wollte. Der Mann versuchte mich davon abzuhalten, zu einem freilaufenden Bullen in die Box zu gehen, den ich am Nasenring fixieren wollte. Alle Versuche, den geschickt ausweichenden Kandidaten von außen mit einem Haken am Nasenring zu erwischen, misslangen, so dass ich es bei ihm in der Box versuchen wollte, da sich von den anwesenden Bullenpflegern keiner zu ihm in die Box traute. Durch eindrucksvolle Gebärden und mit besorgt klingenden Lauten – er konnte nicht sprechen – versuchte mir der Mann zu vermitteln, dass ich davon ablassen sollte, mich dem Bullen zu nähern. Mit Herzklopfen und zur Schau gestellter Furchtlosigkeit habe ich den Bullen gefangen, ordnungsgemäß mit einer künstlichen Scheide Sperma gewonnen, mikroskopisch untersucht und meine Untersuchungsbefunde mit Diagnose erläutert. Die nach solchen und ähnlichen Exkursen üblichen Arbeitssessen in exklusiver Umgebung und mit interessanten Gesprächspartnern haben mich dann oft für das eine oder andere Ungemach bestens entschädigt.

Die Fortbildungskurse für Tierärzte und Techniker wurden abwechselnd mit theoretischen Vorträgen und klinischer Demonstration gestaltet

Eine andere und anfangs für mich schwer durchzustehende Herausforderung waren die Organisation und Durchführung von Besamungskursen im Ausland. Denn arglos, wie ich war, hatte ich mich darauf eingelassen, Besamungskurse in Entwicklungsländern abzuhalten. Dabei dachte ich mehr an Reisen nach Afrika als daran, dass ich dann an Ort und Stelle eine ganze Woche oder je nach Konzeption bis zu vierzehn Tage als Alleinunterhalter Gruppen von fünf bis zwanzig Mann mit Lehrstoff zur künstlichen Besamung unterrichten und bei den praktischen Übungen beschäftigen musste. Dabei wusste ich von meinem psychologischen Eignungstest, den ich als Student gemacht hatte, dass ich mich neben anderem auch nicht für die Lehre eigne, was anfangs wohl zutraf, aber später mit zunehmender Erfahrung weniger richtig war. Mit dem Herz in der Hose habe ich damals die ersten zwei Besamungskurse in Südrhodesien (jetzt Zimbabwe) und Zambia (ehemals Nordrhodesien) abgehalten, die zum Glück nur kurze Auffrischungskurse für Besamung waren. Danach kamen allein in Jordanien insgesamt sechs Kurse über mehrere Jahre dazu, die anfangs für mich eine Qual und später, als ich Routine hatte, eine schöne Aufgabe waren. Denn bei den ersten Kursen meinte ich, den Kursteilnehmer soviel Faktenwissen zur künstlichen Besamung beibringen zu müssen, wie das irgend möglich war, und habe dabei Maß und Ziel verloren. Dennoch wurde ich immer wieder nach Jordanien und in andere Länder bestellt, um Kurse abzuhalten. Bei den später veranstalteten Besamungskursen habe ich in ausgiebigen Pausen mit den Teilnehmern Tee getrunken, als Nichtraucher mitgeraucht und den Unterricht zur Reproduktion der Rinder durch theoretische Exkurse zum Sexualverhalten des Homo sapiens interessanter gestaltet als am Anfang. Die Kursteilnehmer rekrutierten sich in den Ländern des südlichen Afrikas aus Farmern, deren Angestellte, die als so genannte Eigenbestandsbesamer an den Kursen teilnahmen, und im nördlichen Afrika aus vom Staat angestellten Besamungstechnikern oder Technikeranwärtern. Auftraggeber war zuerst meine Firma, die damit den Spermaverkauf zu fördern suchte, danach waren es verschiedene Entwicklungshilfeorganisationen und Privatfirmen. Da ich mich nur auf Deutsch und Englisch verständlich machen konnte, mussten meine Ausführungen in manchen Kursen übersetzt werden, was mir sehr entgegen kam. Denn in der Zeit, in der übersetzt wird, kann man überlegen, was man als nächstes sagt. Zu den anfangs nur für Rinderbesamung abgehaltenen Kursen kamen später noch solche für Schweinebesamung, was mir nicht so recht gefallen wollte, aber da lockten der Ferne Osten, wohin ich bis zu diesem Zeitpunkt noch nicht gekommen war, und verschiedene Länder in Afrika, die ich gerne sehen und erleben wollte.

Besamungskurse in verschiedenen Ländern

Eines Tages fragte mich ein deutscher Fernsehjournalist, mit dem ich zufällig in Amman im selben Hotel wohnte, ob er mir bei meinem Unterricht zusehen und filmen dürfte. Gesagt, getan. Beim Filmen der praktischen Übungen sagte er mir schließlich, dass er gerne eine andere Einstellung als immer nur Kühe von hinten filmen möchte; er fragte, ob ich nicht auch etwas am Kopf einer Kuh machen könnte. Also tat ich ihm den Gefallen, riss einer Kuh das Maul auf, erklärte den Kursteilnehmern bei günstiger Einstellung für die Kamera, wie man an den Zähnen einer Kuh das etwaige Alter ablesen könne. Alle waren es zufrieden, und ich hörte zunächst nichts mehr von dem Manne. Später, zurück in Deutschland, wurde ich spöttisch von Kollegen gefragt, was ich denn bei Besamungskursen im Maul von Kühen zu suchen hätte. Denn dieser Teil des Berichtes war offenbar ausführlich mit Großaufnahme und vielleicht mit fragwürdigem Kommentar dazu gezeigt worden. Ich habe diesen Beitrag nie gesehen, dachte mir nur, so ist es manchmal mit Gefälligkeiten.

Durch meine wiederholten Aufenthalte in Jordanien bahnten sich sehr freundschaftliche Beziehungen mit den dort tätigen deutschen Entwicklungshelfern und einheimischen Tierärzten an, die mir neben vielen Gefälligkeiten auch die Sehenswürdigkeiten des Landes (Wüstenschlösser, Oasen, das Tote Meer, Felsenstadt Petra, Ruinen von Jarash, usw., usw.) zeigten. Besonders beeindruckt haben mich zudem zwei Besuche im Westjordanland und Jerusalem. Die West Bank, wie das Westjordanland in dieser Region bezeichnet wird, gehört seit 1948/49 zu Jordanien, ist aber seit dem Sechstagekrieg 1967 von Israel besetzt. Mit einem jordanischen Passierschein konnte man die West Bank besuchen und befand sich dann quasi in Israel. So habe ich zuerst Jerusalem besucht, mich in Dom Polski, einem polnischen Kloster mit Hotelbetrieb, eingenistet und bei meinem zweiten Besuch der West Bank ein Jahr später dazu noch Abstecher nach Tel Aviv und Haifa unternommen. Ein anderes Mal ist meine Frau nach Jordanien nachgekommen, wo wir per Servicetaxi einen Abstecher nach Syrien und den Libanon machten und am Ende beladen mit orientalischen Souvenirs von Beirut heimflogen.

Meine Firma, die mich mit unterschiedlich großen Reisen ziemlich auf Trab hielt, schickte mich neben meinen Fernreisen eines Tages nach Irland, Spanien und Griechenland, wo ich auf den dortigen Besamungsstationen demonstrieren sollte, wie man mit dem damals in Deutschland verwendeten TRIS-Verdünner die Gefrierkonservierung von Sperma verbessern konnte. Zu meinem Glück hatte ich, wie schon beschrieben, kurz vor meinem Studium auf der Besamungsstation in Hannover-Kirchrode als Adlatus der Tierärzteschaft Handreichungen bei den Versuchen zur Spermakonservierung mit diesem Verdünner gemacht und kannte mich aus. Sehr zugute kamen mir meine Englischkenntnisse. Denn als Betreuer ausländischer Gäste, für die ich dazu noch als Übersetzer fungierte, hatte ich manche Gelegenheit fachliches zur Tiefgefrierkonservierung mit dem neuen TRIS-Verdünner zu erfahren. Bei meinen späteren Auslandsreisen erleichterten mir meine Englischkenntnisse oft die Lösung von Problemen, was mit Dolmetschern in der Regel umständlicher war. Die Ausnahme dazu erlebte ich jedoch in Spanien. Ausgiebigen Arbeitsessen mit unendlich viel Rotwein und interessanten Fachgesprächen nach der Arbeit, die Augustin B., mein Dolmetscher, durch gewitzte und charmante Übersetzung bei mir unvergessen gemacht hat. Schließlich war ich auf Griechenland ganz besonders neugierig, denn ich meinte, eine ganze Menge über die griechische Antike zu wissen und war neugierig auf das Land mit all seinen Tempeln, Statuen und die vielen historischen Kulturstätten. Dass ich viel mehr als genug davon sehen und erfahren sollte, konnte ich noch nicht ahnen, als mich mein Dolmetscher vom Flughafen abholte und fragte, ob das mein erster Besuch Griechenlands sei und was ich gerne sehen und erleben möchte.

Auf der Besamungsstation war jeden Tag um zwei Uhr nachmittags Arbeitsschluss für mich und danach Zeit für Bildungstourismus. Mein Fehler war, dass ich dem Dolmetscher, der auch mein Chauffeur und Betreuer war, gleich am ersten Tag erzählte, welches Interesse ich an allem hatte, was mit der griechischen Antike zusammen hing, weil ich das als Schwerpunktthema für eine Prüfung gelernt hatte. Die Folge davon war, dass jeder Nachmittag dieser Woche für mich Seminar und Prüfung in einem war und dass ich mich dabei mehr blamiert als hervorgetan habe. Denn bei den Besuchen auf der Akropolis konnte ich gerade einmal die Propyläen (Haupteingang) und den Parthenon-Tempel benennen, wusste nicht mehr, dass der Parthenon der Göttin Athene geweiht war und konnte auch sonst keinen der Tempel richtig zuordnen, geschweige denn sagen, welchem der griechischen Götter der eine oder andere Tempel geweiht war. Fatalerweise hatte ich ihm auch erzählt, dass ich meinem Sohn anstelle alter Märchen die Sagen des klassischen Altertums vorgelesen hatte, wusste aber nur noch wenig zu den Helden der Ilias, Odyssee und der anderen griechischen Sagen zu erklären. Athen habe ich dann noch öfter gesehen, und wenn es nur per Zwischenstopp nach Zypern oder Richtung Afrika war, aber nicht wieder als bekennender Antikenfan, der vorgab, etwas über die alten Griechen zu wissen.

Durch meine Dienstreisen war ich über die Jahre sehr weit herumgekommen, lernte dabei immer etwas dazu, denn Fremde macht Schule, heißt es, und so war ich vom Provinzler mehr so etwas wie ein Tramp geworden. Trotz Lerneffekt muss ich jedoch rückblickend eingestehen, dass ich zu oft, eher übermütig als sachbezogen, Herausforderungen annahm, die mir manche Verlegenheit bereiteten. Denn in der zweiten Hälfte der siebziger Jahre machten ganz neue Biotechnologien, wie die Verfahren zur Brunst- und Zyklussynchronisation bei landwirtschaftlichen Nutztieren, der Embryotransfer bei Rindern und die künstliche Besamung von Schweinen mit TG-Samen von sich reden, waren aber noch nicht praxisreif. Auf das eine oder andere angesprochen, meinte ich fast immer zu wissen, was man irgendwie machen könnte; so war ich an einem Synchronisationsprogramm in Zambia beteiligt, das mit schlechtem Ergebnis endete, habe im Senegal bei brütender Hitze Schweine besamt und später von Südafrika bis China und Südamerika mit allerdings immer besser werdenden Ergebnissen Rinderembryonen transplantiert. Oft genug saß ich dabei morgens im Hotel auf der Bettkante und war der Verzweiflung nahe, weil ich manchmal nicht wusste, wie ich den anstehenden Tag bewältigen sollte. In solchen Momenten habe ich mir oft vorgenommen, in Zukunft besser in Deutschland als praktischer Tierarzt zu arbeiten und mich dazu mehr um Frau und Kind zu kümmern, als weiter in der Welt herumzureisen. Aber kaum zu Hause, lockte mich die Ferne, und nicht zuletzt war es auch die Bewunderung von Freunden und Bekannten, die mir gut tat, wenn ich aus dem Orient oder dem südlichen Afrika heimkam und von meinen Reiseerlebnissen berichtete. Nicht selten war schon die Anreise ein Abenteuer ohne die Probleme, die mich manchmal noch vor Ort erwarteten. Ereignisreich wurde es meistens auch, wenn ich mit innerafrikanischen Fluglinien, die spöttisch als „Never come back Airlines" bezeichnet wurden, irgendwohin in den Busch von Afrika fliegen musste. Bildlich gesprochen ging es dabei bisweilen mit verschiedenen Fluglinien um mehrere Ecken; ein Beispiel mag diese Problematik aufzeigen: Während eines Aufenthaltes in Sambia, wo ich im Rahmen unserer Kundenbetreuung Farmer besuchte, die ihre Rinder mit TG-Sperma aus Neustadt/A. besamten, erhielt ich per Telex den Auftrag, auf dem Heimweg einen kurzen Zwischenstopp in Togo zu machen, da dort ein Besamungsprojekt ausgeschrieben war. Von Lusaka konnte man nur über Nairobi oder Johannesburg nach Lome in Togo fliegen. Ich entschied mich für Johannesburg, weil mir Joburg, wie man in Südafrika sagt, lieber war als Nairobi. Dazu war noch eine Übernachtung in Johannisburg nötig, was mir durchaus recht war. Mit PANAM Flug NR. 1 ging es am nächsten Tag bei fürstlichem Service und kleinen Geschenken von Johannisburg nach Lagos in Nigeria. In Lagos sollte es mit Aire Togo weiter nach

Lome gehen, aber irgendeine Regierungsdelegation hatte Vorrang vor allen gebuchten Passagieren, so dass ich mit den anderen Passagieren von der Passagierliste gestrichen wurde. Weder unser Protest noch die für den Weiterflug mit okay versehenen Tickets halfen. Also endete unsere Reise erst einmal in Lagos. Da kein Weiterkommen nach Togo in Aussicht stand, habe ich nolens volens akzeptiert, mit Nik, einem holländischen Großhändler für Papier und/oder Holz, ein schmuddeliges Zimmer im Hotel TIPTOP von Lagos zu teilen. Nachdem ich über das schmutzige Bettlaken meines Bettes aufgeknöpfte Hemden dachziegelartig ausgebreitet und meine Brieftasche unter mich versteckt hatte sagte ich zu Nik: „Good night see you tomorrow", worauf er sagte: „I hope so". Als dann kurze Zeit spaten jemand in dem dritten Bett, das in unserem Zimmer stand, schlafen sollte, haben wir uns beide, als seien wir einig wie alte Freunde, dagegen verwahrt, so dass der Fremde mit dem Bett auf den Flur expediert wurde. Nach zwei Tagen hatten wir Glück, wir wurden mit einem AIRE FRANCE Flug, der von Paris mit Zwischenlandung in Lagos und Lome nach Abidjan ging, mitgenommen. Nik, zu dem ich inzwischen Vertrauen geschöpft hatte, kannte sich in Togo aus und sagte mir, dass wir uns im Hotel De La Paix in Lome einbuchen sollten. Denn nach zwei Tagen Lagos in einer verkommenen Absteige war das Beste jetzt für uns gerade gut genug. Nach einer schönen lauwarmen Dusche haben wir uns zu einem Menü mit mehreren Gängen getroffen, um alles nachzuholen, was wir in Lagos vermisst hatten. Von Lome über Abidjan bin ich dann schon drei Tage später heimgeflogen, weil die Ausschreibung und Finanzierung (Aufbau einer Besamungsstation im Norden des Landes) auf sehr unrealistischen Vorgaben basierte und damit schnell erledigt war. Im Transit von Abidjan, wo ich auf den nächsten Flug nach

Paris und Frankfurt wartete, waren mir ein paar hübsche Mädchen aufgefallen, zwischen die ich mich wie zufällig mischte. Zu meinem Erstaunen erfuhr ich, das es Prostituierte aus Paris waren, die mir, nachdem ich sie zu einem Drink eingeladen hatte, erzählten, dass sie regelmäßig an die Elfenbeinküste nach Abidjan flögen, weil sie wussten wann dort die Löhne ausgezahlt würden. Ähnlich war es meinem Bruder Martin ergangen, der auf der Überfahrt nach Australien mit Entsetzen erfuhr, dass er sich um eine Prostituierte bemüht hatte, die sich ihre Schiffspassage unterwegs erarbeitete. In Abidjan jedoch erzählten mir die Mädchen ganz freimütig und lustig, dass es bequem und auch eine schöne Abwechslung sei, per Direktflug mit AIRE FRANCE von Paris nach Abidjan und ein paar Tage später wieder zurückzufliegen.

Meinen mitunter aufregend interessanten Job des Umhervagabundierens habe ich zum Ende des Jahres 1977 quittiert, weil ich ein neues Abenteuer in Aussicht hatte: Embryotransfer. Dazu brauchte ich im Haus nur eine Türe weiterzugehen, wo ich wieder bei der Besamungsstation zu arbeiten begann. Meinen schönen großen Dienstwagen, einen Ford Granada, und meine Büroeinrichtung konnte ich behalten und so wechselte ich nach dreieinhalb Jahren Dienst bei der SPERMEX für die nächsten sieben Jahre zur Besamungsstation in Neustadt/A., um danach Ende 1985 an den Niederrhein abzuwandern.

Als begeisterter Antikenfan konnte ich die Akropolis, anlässlich einer Dienstreise nach Athen, besuchen; ein Glücksfall für mich

Schnappschüsse abseits touristischer Pfade

8. Kapitel: Aufbruch in neue Biotechniken

Als Student habe ich in Vorlesungen erstmals vom Embryotransfer (ET) gehört und bei einer klinischen Demonstration 1972 dabei auch assistiert, ohne zu ahnen, dass ich die meiste Zeit meines Berufslebens als Tierarzt mit dem ET verbringen sollte. Denn für die damals operative Methode der Embryogewinnung und Übertragung konnte ich mich zunächst nicht begeistern, weil ich nicht gerne operierte. Die Operationsübungen hatte ich im Studium mehr aus Pflicht als mit Interesse hinter mich gebracht und mit gutem Ergebnis abgeschlossen. Ich weiß nicht, warum ich die populäre Kunst der Chirurgie nicht besonders mochte. Vielleicht litt ich in jungen Jahren an einer übersteigerten Empathie. Wie dem auch sei, gereizt von einem überaus interessanten Stellenangebot, vertauschte ich meinen Job als Reisender in Sachen „künstliche Besamung" bei meiner alten Firma SPERMEX, gegen den ET bei der Besamungsstation in Neustadt/A. Ich avancierte zum Abteilungsleiter, und weil dem ET als neuer und hoher Technologie der modernen Biotechnik allgemeine Bewunderung zuteil wurde, reizte es mich, daran teilzuhaben. Meine vorgesetzten Direktoren verfuhren großzügig mit mir und gaben mir ausreichend Gelegenheit mich in die neue Materie einzuarbeiten. Mein Mentor Herr Professor H. von der TIHO-Hannover vermittelte mir, wie ET-Programme organisiert und technisch durchgeführt werden. Dazu wurde ich als Hospitant nach England und in die Normandie nach Frankreich geschickt, um bei den dort tätigen ET-Teams noch etwas dazuzulernen. Danach konnte ich noch eine Woche an der Universität in Kopenhagen am ET in Dänemark teilhaben und bekam den letzten Schliff.

Die zunächst experimentell durchgeführten ET-Programme wurden immer mehr durch kommerzielle ET-Zuchtprogramme abgelöst; ich mutierte vom Antichirurgen zu einem routinierten Operateur, der sein Handwerk bald beherrschte und am Ende auch gerne operierte. Doch über die Jahre setzte sich langsam die so genannte unblutige oder nichtoperative Methode des ET durch, die nach großen Anfangsschwierigkeiten einen enormen Fortschritt für das Verfahren ab Mitte der 80iger Jahre mit sich brachte. Bei den Untersuchungen zur neuen Methode der unblutigen Embryoübertragung brauchten wir neben unseren eigenen Tieren auf der ET-Station weitere Versuchstiere, von denen wir Embryonen gewinnen und solche, in die wir die Embryonen übertragen konnten. Dabei kam es mir sehr zustatten, dass ich bei den Bauern, bei denen ich 20 Jahre vorher als Besamungstechniker Kühe besamt hatte, mit Embryonen experimentieren konnte. Denn mein Nachfolger als Besamungstechniker in dieser Region wie auch die Bauern waren mir zugetan und stellten mir Schlachtkühe für Versuche zur Verfügung, so dass ich keinen Mangel an Probanden hatte. Für die Züchter war es insofern auch interessant, an diesen Experimenten teilzuhaben, als sie kostenlos an mehr oder minder gute Embryonen bzw. Kälber kamen, wenn wir erfolgreich waren, aber auch keinen Verlust hatten, falls der ET erfolglos verlief, weil bei diesen Untersuchungen kein Geld im Spiel war. Mir kam auch zu statten, dass ich als Besamungstechniker schon tausende Kühe künstlich besamt hatte und für die Manipulationen zum unblutigen ET an und in Kühen gut trainiert war. Immer wieder wurden mir auch sterile Kühe vorgestellt, die schon mehrfach erfolglos besamt und tierärztlich behandelt waren, bei denen ich ein Embryo einpflanzen oder eine Sterilitätstherapie versuchen sollte. Es handelte sich dabei in der Regel um gute Milchkühe (Hochleistungstiere), die, so sie durch meine Bemühungen trächtig wurden, der Schlachtung wegen Unfruchtbarkeit entgingen und dem Bauern mit hohem Wert für die Zucht und Milchproduktion erhalten blieben. Bei solchen mehr oder minder hoffnungslosen Sterilitätsfällen habe ich oft zum beiderseitigen Gaudium mit den Bauern die Abmachung getroffen, dass ich im Erfolgsfalle nachträglich noch einen Liter Obstler als Bonus erhalte. Derartige Abmachungen erfreuten sich in der Umgebung von Neustadt/A. immer größer werdender Beliebtheit, denn viele der Bauern brannten ihren Schnaps selber und konnten deshalb großzügig damit verfahren. Oft genug wusste ich nicht, wofür ich die eine oder andere Flasche im Auto oder in einem meiner Gummistiefel fand, was ich gerne akzeptierte und wofür ich mich je nach Umstand mit einem bescheidenen „Vergelt's Gott" bedankte oder die Flasche stillschweigend einfach mitnahm. Über die Jahre habe ich auf diese Weise ein umfangreiches Schnapslager zusammengetragen, das ich in meinem Leben nicht mehr bewältigen oder verköstigen kann. Als einmal der Schnaps einer Flasche einen unangenehmen Nachgeschmack hatte und für den menschlichen Verzehr ungeeignet erschien, habe ich diese Flasche einem Rind, das nicht recht fressen wollte, als Ruminanz (Mittel zur Anregung der Vormägen bei Wiederkäuern) eingeschüttet. Ob es dem Tier damals geholfen hat, weiß ich nicht mehr, doch dafür kenne ich die pharmakologische Wirkung aus eigener Erfahrung desto besser. Denn nach getaner Arbeit wurde ich bei den Bauern oft zu einer Brotzeit eingeladen, die meistens mit einer Magenüberladung einherging, so dass der Obstler auch bei mir regelmäßig als Ruminanz zum Einsatz kam, woran ich immer noch festhalte.

Zu meiner praktischen Tätigkeit als ET-Tierarzt oblagen mir noch eine Reihe administrativer Aufgaben, die mir nicht so behagten wie der abwechslungsreiche Einsatz im Außendienst. Auch fiel es mir schwer, mich an Aktenvermerke zu gewöhnen, und ich hatte anfangs keinerlei Verständnis dafür, dass mir mein Chef bei Anfragen oder bei einer Berichterstattung manchmal sagte: „Herr Kollege Görlach, schreiben Sie mir das auf, dass ich in einem halben Jahr noch nachsehen kann, was es damit auf sich hat". Andersherum hieß es dann bei Aktenvermerken, die ich erhielt: „Sie werde gebeten für die Tagung am …, in …., ein Manuskript zu dem Thema: …., vorzulegen" oder es wurde der Entwurf eines Manuskriptes für eine Publikation zu einer bestimmten experimentellen Untersuchung angefordert. Trotz Sekretärin waren mir das Diktat von Berichten oder die Anfertigung von Manuskripten für Vorträge und Publikationen nach wie vor ein Graus, bis ich langsam kapierte, dass es mir so etwas wie Publizität verschaffte. Deshalb verschickte ich auf Anfragen Sonderdrucke von Publikationen, die ich ursprünglich unwillig und nur nach Aufforderung verfasst hatte, an Bibliotheken verschiedenster Universitäten und Institutionen, die mir noch von Nutzen sein sollten. Dabei muss ich jedoch zugeben, dass die Manuskripte zu den einzelnen Veröffentlichungen immer erst durch meine Koautoren zu druckreifen Publikationen gemacht wurden. Als Verfasser des ersten Entwurfes war ich dabei jedoch auch immer der erste Autor im Autorenkollektiv und erhielt deshalb die Anfragen nach den Sonderdrucken. Schlaflose Nächte bereiteten mir anfangs auch noch diverse Vorträge, die ich auf Tagungen und Kongressen genötigt war zu halten und die ich auch weder aus eigenem Antrieb initiiert noch angestrebt hatte. Doch über die Jahre kam ich durch Routine und Gelassenheit immer besser damit zurecht, und nicht zuletzt bescherten sie mir Dienstreisen zu Internationalen Kongressen bis nach Amerika, womit mir eine Welt erschlossen wurde, die man sich nicht einmal erträumen kann. War ich vorher auf Tagungen und Kongressen immer nur der stille Zuhörer ganz hinten im Auditorium, so gehörte ich jetzt mit zu den Akteuren, und lernte dadurch andere Vortragsredner und die bekanntesten Forscher der Reproduktionsbiologie persönlich kennen. Dabei erfuhr ich in mancher privaten Unterhaltung am Rande solcher Tagungen bei einem Bier oder wie einmal in Madrid bei viel Rotwein, wie es zu Entdeckungen und Erfindungen kam, die wir (auch ich) bei unserer ET-Arbeit nutzten, wie z. B. verschiedene Verfahren der Konservierung von Embryonen, Mikromanipulation an Embryonen, usw., usw. Darüber hinaus erhielt ich, weil ich inzwischen Zugang zu verschiedenen Forscherteams hatte, Einladungen an die Universität nach Gent. Dort bekam ich Nachhilfeunterricht in der Herstellung von PMSG-Antiserum[8], in Irland bei Ovamass Dublin Einblicke in die In-vitro-Fertilisation (IVF [Befruchtung im Glase]) mit der In-vitro-Produktion von Embryonen (IVP) und bei anderen Teams die Möglichkeit zur Zusammenarbeit in weiteren Teilbereichen zum ET bis hin zu molekularbiologischen Techniken. Meine späteren, stümperhaften Versuche zur IVF/IVP in Kleve blieben ganz und gar erfolglos, wie auch die mit großem Aufwand betriebenen Versuche zur genomischen Geschlechtsbestimmung an Embryonen. Erfolgreich verliefen dagegen die

---

[8] PMSG-Antiserum wird zur Verbesserung der hormonell gesteuerten Vielfachovulation (Superovulation, Polyovulation) verwendet. Es bewirkt die terminierte Blockade des Hormones PMSG, mit dem eine Superovulation bei Kühen eingeleitet wird.

Herstellung von PMSG-Antiserum und die Untersuchungen zu dem bei Rindern vorkommenden Gendefekt BLAD[9]. Unsere Erfolge haben wir z. T. publiziert oder wie im Falle des Genomanalyseprojektes zum Gendefekt BLAD durch eine Dissertation[10] publik gemacht.

Wohl ausgelöst durch einen gewissen Grad von Bekanntheit, erhielt ich schließlich Anfragen und Einladungen von ausländische Universitäten zu Vorträgen, Seminaren und klinischen Demonstrationen zum ET, was ich immer gerne annahm, sobald die Finanzierung gesichert war. Denn manchen Universitäten fehlte vielleicht das Geld, interkontinentale Flugpassagen mit den zusätzlichen Reisekosten zu finanzieren, oder sie wollten sich möglichst nur davor drücken, diese Kosten zu tragen. Deshalb waren es immer unterschiedliche Finanzierungsstrategien, die über deutsche und ausländische Entwicklungshilfe- oder private Organisationen meine Reisen möglich machten.

---

[9] BLAD steht für Bovine Leukozyten-Adhäsions-Defizienz und ist eine bei Rindern tödlich verlaufende Immunschwäche.

[10] DUESMANN, K. (1994): Integration der Polymerase-Chain-Reaktion PCR in den Routinebetrieb einer Besamungsstation zum Nachweis der Leukozyten-Athäsions-Defiziens (BLAD); Hannover, Tierärztl. Hochschule, Diss.

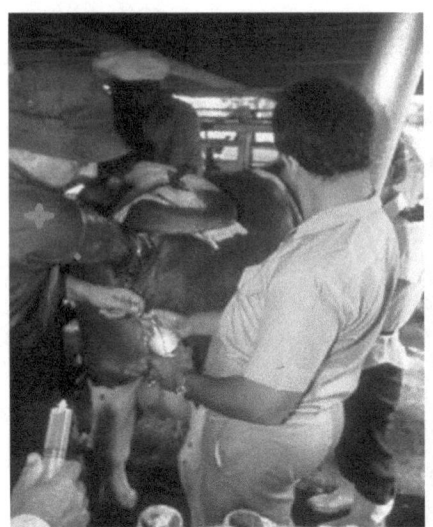
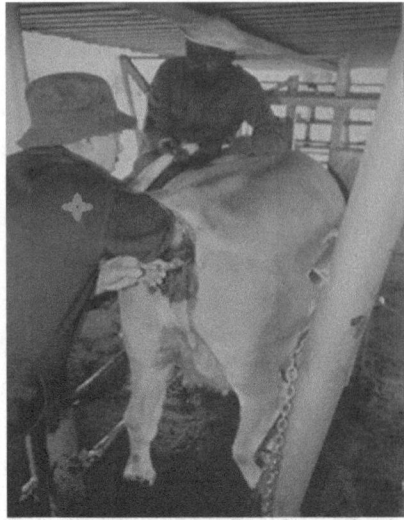

Embryogewinnung   *Embryoübertragung (Implantation)*

Mikroskopische Embryoisolierung und -beurteilung

Das interessanteste und vielleicht auch klügste Konzept zur Reisefinanzierung, von dem ich im Nachhinein Kenntnis erhielt, stammte aus Südafrika. Alles fing damit an, dass ich einen Brief von der Universität Pretoria erhielt und gefragt wurde, ob ich bereit sei, an der Tierärztlichen Fakultät der Universität Pretoria in Ondestepoort Vorlesungen und klinische Demonstrationen zum ET zu veranstalten. Die Reisekosten mit dem gesamten Aufenthalt in Südafrika seien finanziell gesichert, nur über das Honorar müsste man sich noch verständigen, da der Universität für den ET kein entsprechendes Budget zur Verfügung stünde. Ich sagte zu und verzichtete gerne auf ein Honorar, da mir die Ehre, an der in Afrika renommiertesten Universität wirken zu dürfen mehr als jedes Honorar bedeutete. Alle Veranstaltungen in der Fakultät inklusive Vorträge und Seminare verliefen problemlos, auch die Spenderkühe der Versuchsherde lieferten genug transfertaugliche Embryonen. Als dort alles abgewickelt war, ging es auf einer Farm in der Nähe von Ondestepoort weiter. So wurden noch auf mehreren Farmen kommerziell organisierte ET-Programme durchgeführt und die Reisekosten mit den übrigen Auslagen auf die beteiligten Farmer umgelegt (die Farmer bezahlten also allen Aufwand zum ET und die Reisekosten).

Die ET-Programme wurden planmäßig zu Ende gebracht; nur einmal war ich in Verlegenheit und einer Panik nahe. Denn die Embryonen mussten damals noch operativ implantiert werden und wir arbeiteten bei schönem Wetter mit leichter Brise unter freiem Himmel, als plötzlich aufgewirbelter Sand über uns hinweg fegte und bei drei oder vier Tieren das offene Operationsfeld mit Sand und Staub verschmutzte. In Sorge um die gerade erst übertragenen Embryonen und um die Trägertiere, die ich im Geiste an einer Bauchfellentzündung und allgemeiner Sepsis erkranken und krepieren sah, begann ich, die Wunden notdürftig zu reinigen. Mit Tupfen und Wundauffrischung versuchte ich zu retten, was zu retten war, bis mir ein Kollege, der beim Vernähen der Operationswunden half, sagte, dass ich mir keine Sorgen wegen drohender Infektionen machen solle, weil die Sonne den Sand längst steril gemacht habe. Das einzige Problem bestünde nur darin, dass nach der Schlachtung der Tiere und dem Verzehr der in den Wunden verbliebene Sand beim Essen zwischen den Zähnen knirsche. Mit viel Antibiotika-puder, zusätzlichen Injektionen und großem Unbehagen habe ich die Operationen zu Ende gebracht und später erfahren, das keines der betroffenen Tiere erkrankt oder verendet sei.

Nach diesem Auftakt bin ich über mehrere Jahre immer im europäischen Spätherbst das heißt im Frühjahr[11] auf der südlichen Hemisphäre zusammen mit meiner Frau als Assistenz für die Mikroskopierarbeit nach Südafrika gereist, um dort ET-Programme abzuwickeln. Der erfolgreiche Einsatz in der Fakultät von Ondestepoort, an dem sie auch schon beteiligt war und dann im Umfeld von Transvaal hat wohl mit dazu beigetragen, dass wir in den Folgejahren auch nach Zimbabwe und Sambia bestellt wurde. Dagegen wunderte ich mich über Anfragen aus ganz anderen Regionen nach Vorträgen und klinischer Demonstration zum ET, wie der Bosporusuniversität in Istanbul, San Jose in Costa Rica und andere, von denen ich keine ausgelassen habe.

---

[11] Im Frühjahr ist die Futtergrundlage für die im südlichen Afrika in Weidehaltung gehaltenen Rinder besonders günstig, was sich positiv auf die

ET-Kurs in Costa Rica

Embryo (Zellhaufen) im Morulastadium

Aus Zimbabwe erhielt ich von der damaligen Besamungs-organisation Cattle Breeders Farm in Harare eine Anfrage be-züglich der Organisation und Durchführung von ET-Programmen, die ich beflissentlich beantwortete. Der Geschäftsführer Danie R., mit dem ich Jahre zuvor schon einen Besamungskurs für Rinderbesamung im damaligen Südrhodesien abgehalten hatte, kam mit ein paar Farmern nach Kleve, um sich über den ET näher zu informieren. Auf der anderen Rheinseite in der kleinen Gemeinde Dämmerwald stand bei einem Züchter ein ET-Programm an, zu dem ich die Besucher mitnahm. Als meine Frau nach der Embyoausspülung den ersten tauglichen Embryo gefunden und isoliert hatte, löste sich die neugierige Spannung und jeder bestaunte den kleinen Zellhaufen im Morulastadium durch das Mikroskop. Dem alten Bauern, mit dem ich zuvor schon öfter einen Schnaps getrunken hatte, sagte ich, er möge uns allen einen „Kurzen" einschenken, womit ich die anfangs etwas ernsthafte Atmosphäre auflockern wollte. Ich hatte ganz gezielt nur von einem „Kurzen" gesprochen, um zu verschleiern, dass ich die Runde Schnaps bestellt hatte. Denn „Schnaps" hätten sie verstanden.

Den nur Englisch sprechenden Zimbabwern erklärte ich dann, dass es bei uns eine Gepflogenheit sei, einen Schnaps zu trinken, sobald der erste als tauglich klassifizierte Embryo gefunden ist. Was ich damit angestiftet hatte, sollte sich jedoch erst in Zimbabwe zeigen.

Im November 1987 stand das erste größere ET-Programm dort an, zu dem auf einer Farm bei Harare mehrere Zwangsstände für die Tiere und ein großer Laborraum eingerichtet waren. Die Farmer aus dem Umland brachten ihre Spender- und Empfängertiere mit Viehtransportern dorthin und so hatten wir eine harte Arbeitswoche zu bewältigen. Aus 42 Spendertieren wurden 161 Embryonen auf Empfängertiere übertragen, was zwar nur eine mäßige Ausbeute an tauglichen Embryonen pro Spender war,

Mikrochiurgie

Eineiige Zwillinge aus mikromanipulatorischer Embryoteilung

aber dennoch bewerkstelligt sein wollte. Im Jahr danach war die Ausbeute schon viel größer, die dortigen Tierärzte hatten die Vorbereitung besser gemacht, so dass wir in einer Arbeitswoche aus 35 Spendertieren 190 Embryonen übertragen konnten. Aber zurück zu unserem „Kurzen" bzw. zum Schnaps. Am ersten ET-Tag in Zimbabwe, es war der 2.11.1987, während ich draußen vor dem Labor Embryonen ausspülte, rief meine Frau, wie immer bei diesem Ereignis, aus dem Labor: „Ich habe den ersten tauglichen Embryo". Daraufhin verschwand einer meiner beiden Assistenten, die mir beim Embryoausspülen halfen, und kam mit einer Flasche Schnaps zurück. Unabhängig davon, dass ich immer noch mit einer Hand im Rektum der Kuh steckte, wurde mir der erste Schnaps eingeflösst, woraufhin jeder der anwesenden Weißen auch einen trinken musste; unsere schwarzen Helfer waren davon ausgenommen. Die Apartheid hatte wohl noch so etwas wie einen Nachhalleffekt, obgleich die Zeit der ehemals britischen Kronkolonie Südrhodesien seit 1980 dort zu Ende gegangen war. Zunächst wunderte ich mich nur, dass Schnaps ausgeschenkt wurde und nicht etwa Whisky, sagte aber nichts. Denn die Weißen in Zimbabwe waren, soweit ich das weiß, ausnahmslos britischer Herkunft, tranken Whisky wie die Engländer und Schotten, und es wurde ihnen nachgesagt, dass sie britischer seien als die Briten selber. Übrigens wird auch den weißen Farmern in Namibia (ehemals Deutschsüdwest Afrika) nachgesagt, dass sie heute noch deutscher seien als die Deutschen, was ich dort auch so erlebt habe.

Am Abend, nachdem der letzte Embryo übertragen war, musste meine Frau die Instrumente und alles Laborgerät saubermachen und in einem Backofen für den nächsten Tag sterilisieren. Ich saß währenddessen mit den Männern am Grillfeuer aß, trank und versuchte mit mehr oder minder klugen Diskussionsbeiträgen Reklame für den Embryotransfer zu machen, denn ich wollte wiederkommen. Immer noch wunderte mich, das anstatt

Whisky Schnaps getrunken wurde, bis mir ein Farmer sagte: „Für uns war es schon schwer, die Hormone für den ET nach Zimbabwe zu bekommen, nur mit dem Schnaps war es unvergleichlich schwerer". Denn der Organisator, Danie, übrigens ein charmanter und lustiger Typ, hatte allen am ET Beteiligten zur Auflage gemacht, dass sie zum Transfertermin eine Flasche Schnaps und nicht etwa Whisky mitbringen müssten. So kamen jeden Tag andere Farmer mit ihren Tieren und jeder mit einer Flasche Schnaps, der abends am Grillfeuer getrunken wurde und regelmäßig in einem lustigen Besäufnis endete. Zwischendurch ging ich in unser provisorisches Labor, richtete freundliche Worte an meine noch immer arbeitende Frau, die sich darüber beklagte, dass ich ihr nicht nur nicht helfen würde, sondern auch noch angetrunken daherkomme. Dabei wollte ich nur gefällig sein, warb um Verständnis dafür, dass ich besser bei unseren Auftraggebern als im Labor für den ET und unsere Sache werben könne. Trotz ihres Ärgers konnte ich sie jedoch immer wieder überreden weiterzumachen.

Am letzten Abend ging es dann besonders hoch her, denn die Woche war erfolgreich verlaufen. Übermütig sprangen die einen angezogen und die anderen splitternackt in den Swimmingpool vor dem Hause, bis schließlich zu vorgerückter Stunde der Jacuzzi (Whirlpool) im Hause ausprobiert wurde. Meine Frau war mit ihrer Arbeit inzwischen fertig, saß neben mir und beobachtete (vielleicht als einzig nüchterne) das lustige Treiben, als sich eine schmucke kleine Frau plötzlich splitternackt auszog und in den Whirlpool stieg. Mir gefiel dieses Schauspiel sehr, und während ich mit großem Gefallen dachte, wie kann diese kleine Frau so schöne pralle Brüste haben, von denen vorher nicht viel zusehen war, als meine Frau spöttisch zu mir sagte: „Pass auf, dass dir die Augen nicht herausfallen". Am nächsten oder übernächsten Tag ging es nach Sambia, wo weitere ET-Programme und viel Arbeit auf uns warteten.

In der Mitte der siebziger und Anfang der achtziger Jahren des vergangenem Jahrhunderts waren nicht nur der ET eine noch sehr neue Biotechnologie, sondern auch alles, was damit in einem Zusammenhang stand. Deshalb wurden auf der ET-Station bei Neustadt/A. in Hambühl Doktoranden der Tiermedizin mit Fragestellungen befasst, die einerseits den ET effektiver machen sollten und andererseits dankbare experimentelle Untersuchungsaufgaben für Dissertationen darstellten. Besonders das Überleben der Embryonen außerhalb der Kuh (In-vitro-Kultivierung), die Gefrierkonservierung von Embryonen und die Mikromanipulation an Embryonen (Probenentnahme, Splitten von Embryonen, usw.) wurden untersucht. Dazu entstanden mehrere Dissertationen, die ich betreute und, soweit es in meiner Macht stand, auch mit Interesse unterstützte. Experimentierfreudig, wie ich von Natur aus war, habe ich nach meinem Wechsel von Neustadt/A. an den Niederrhein nach Kleve zunächst nur im Verborgenen weiter experimentiert, um schließlich wieder mit der Hilfe von „wissenschaftlichen Wasserträgern", den Doktoranden, in einem größeren Stil weiterzumachen. Bei befreundeten Kollegen, die über die Jahre an verschiedenen Universitäten als Professoren in Amt und würden saßen, hatte ich das Vertrauen, Doktoranden einzubringen, die in Kleve den experimentellen Teil ihrer Arbeit machten und das gesamte Werk am Ende als Dissertation an einer der Hochschule einreichten. Denn einerseits hatte ich in Neustadt/A. wie auch bei meiner eigenen Doktorarbeit erfahren, welche Anforderungen an eine Dissertation gestellt sind und andererseits konnten wir in Kleve, wie vorher in Neustadt/A., immer mit umfangreichen Experimenten (große

Stichprobenzahlen) imponieren. So sind zu meiner Dienstzeit in Kleve von 1986 bis 1999 Dissertationen und Diplomarbeiten fertig gestellt worden, die an der TIHO-Hannover, der Freien Universität Berlin, den Universitäten Leipzig, Kassel, Bonn und Kiew in Weißrussland eingereicht und akzeptiert wurden. Für drei Dissertationen und eine Diplomarbeit (agrar) wurde ich von den Universitäten Bonn und Leipzig als externer Gutachter bestellt, was ich mit großem Ernst wahrgenommen habe.

Jedesmal, wenn einer der Kandidaten, je nach Studiengang, zum Dr. med. vet. oder Dr. agrar (Uni Bonn) gekürt worden war, wurde ausgiebig gefeiert und besonders hoch her ging es, wenn mehrere Doktoranden etwa zeitgleich ihren Titel erhielten und zusammen feierten. Dazu kam mir eines Tages der Gedanke, zum allgemeinen Gaudium den Klever Doktoranden noch eine zusätzliche Urkunde, ausgestellt vom Team unserer Besamungsstation, zu verpassen. Der akademischen Würde und den akademischen Gepflogenheiten entsprechend mussten die Urkunden in allen Einzelheiten in Latein ausgestellt und verfasst sein. Da ich das mit meinem Kleinen Latinum nicht konnte, habe ich mit der Hilfe des Gymnasiums Freiherr-vom-Stein in Kleve einen Philologen gefunden, der genug Toleranz und Humor hatte, meine Vorgaben für Urkunden ins Lateinische zu übersetzten und daneben für die schwachen Lateiner einen Übersetzungstext in Deutsch anzufügen (siehe Anhang B). Außerdem hatte ich in ihm jemanden gefunden, der mir fortan meine Berichte zu Auslandseinsätzen auf Punkt und Komma genau Korrektur las und manches Manuskript durch stilistische Änderungen besser machte, so dass ich mich nicht nur im richtigen Licht, was den Auslandseinsatz betraf, sondern auch noch in gutem und korrektem Deutsch präsentieren konnte. Weil dieser von mir hochverehrte Philologe bei meinem Mangel an schriftstellerischem Talent Hilfe leistete, entwickelte sich über die Jahre eine freundschaftliche Beziehung, die mir unendlich viel gegeben hat und für die ich mich nur ungenügend revanchieren konnte, und wie ich fürchte, künftig auch nur kaum wettmachen kann.

Meine experimentellen Ambitionen und meine Auslandsaufenthalte standen immer wieder in Konkurrenz zu meinen Verpflichtungen, die ich als angestellter Tierarzt hatte, weil ich mich in den ersten Jahren des ET auch um die Geburtshilfe der ET-Kälbern kümmern musste, die sich meist nicht an ihre errechneten Geburtstermine hielten. Oder es gab Verlegenheiten, weil andere tierärztliche Tätigkeiten, die in mein Ressort fielen, unverhofft auftraten und erledigt werden mussten, während ich mich im Orient oder sonst wo in Afrika aufhielt. Als tierärztlicher Leiter der Besamungsstation in Kleve am Niederrhein wurde dieser Konflikt noch etwas größer, denn ich hatte zu allem Überfluss auch noch damit angefangen, zusammen mit meiner Frau als privates ET-Team in Deutschland quer durch die Republik ET-Programme durchzuführen. Dazu häuften sich die Aufträge für kommerziell geplante ET-Programme im Ausland oder Anfragen von Entwicklungshilfeorganisationen, für die ich als so genannter Kurzzeitexperte angeheuert wurde. Nein sagen mochte ich auch nicht, denn entweder reizte mich die Aufgabenstellung, das Honorar oder die Ehre, für eine bestimmte Aufgabe bestellt zu sein. Denn als ich im Jahre 2000 Turkmenistan aus Angst wegen der Nachbarschaft zu Afghanistan ausschlagen wollte, wurde mir ein Honorar geboten, auf das ich nicht verzichten mochte. In dieses Land bin ich 2001 gleich noch einmal für zwei Wochen gereist. Vor einem Einsatz 2002 in Angola war ich ebenfalls gewarnt worden, weil das Land nach fast dreißig

Jahren Bürgerkrieg noch nicht befriedet sei, dennoch war ich dort und, Glück oder nicht, in Turkmenistan wie auch in Angola hatte ich neben der Arbeit schöne Tage. Auf dem Wege nach Luanda, der Hauptstadt von Angola, musste ich bei meinem Hin- und Rückflug je einen Tag Zwischenstopp in Windhoek machen, weil es keine direkte Flugverbindung von Deutschland nach Angola gibt. Das empfand ich wie ein zusätzliches Geschenk, konnte ich doch wieder einmal in Windhoek flanieren, mich im Kalahari Sands Hotel einquartieren und die Atmosphäre Südwestafrikas genießen, die ich seit meinem ersten Aufenthalt von 1975 oder 1976 immer wieder so sehr mochte. Überhaupt waren Namibia mit Windhoek und das ehemalige Rhodesien meine Lieblingsländer, nur seit Mugabe Rhodesien zum heutigen Zimbabwe gemacht hat, zieht mich nichts mehr dorthin

Die schönsten Auslandsaufträge waren für mich jedoch, wenn ich als Fachinformator für ein paar Tage bis eine Woche zu internationalen Messen nach Nairobi, Lusaka, oder Johannesburg und anderswohin fliegen konnte. Denn dafür musste ich mich nicht besonders vorbereiten, brauchte dort immer nur Fachauskünfte zu Tierzuchtfragen, Besamung und Embryotransfer mit assoziierten Biotechniken zu geben, eventuelle Anfragen nach Geschäftsbeziehungen mit deutschen Firmen zu bearbeiten und, wenn nichts los war, konnte ich faulenzen. Neben jeder Menge Kataloge und Prospektmaterial aus Deutschland habe ich meine Visitenkarten immer mit verteilt, die mir manchmal auf Umwegen Anfragen und Aufträge bescherten. Die Arbeitsumgebung war dabei immer vom Feinsten, denn der Deutsche Pavillon auf der ‚INTERNATIONAL SHOW NAIROBI' oder ‚AGRICULTURAL and COMMERCIAL SHOW LUSAKA/ZAMBIA', wie auch auf der ‚RAND EASTER SHOW' in

Johannisburg machte immer etwas her; der Service für Besucher und Gäste mit Spezialitäten aus Deutschland und kleinen Gastgeschenken in gediegener Umgebung waren einfach exquisit. Dazu war zwischendurch immer Zeit, einen Messebummel über das Gelände oder Besuche bei befreundeten Ausstellernationen (Großbritannien, Frankreich oder wer eben so da war) zu machen. Neben dem CONCURS GENERAL AGRICOLE in Paris habe ich meinen leichten Dienst noch in Bozen, Salisbury (jetzt Harare), Windhoek und wo sonst noch abgeleistet. Auch eine Vortragsveranstaltung im Oktober 1988 für das ACSA Damaskus (Arab Center for the Studies of Arid Zones and Dry Lands) in Quneitta bei Casablanca in Marokko war ganz nach meinem Empfinden, weil ich dort nur einen Nachmittag lang vor Tierzuchtexperten der Arabischen Liga über die technischen Möglichkeiten des ET in der Tierproduktion einen Dia-Vortrag mit anschließender Diskussion zu halten brauchte. Am nächsten Tag konnte ich noch ein paar Souvenirs besorgen und bin danach zufrieden wieder nach Hause geflogen.

Für die meisten dieser unterschiedlichen Exkurse, die ich als privater Auftragnehmer für verschiedene Firmen und Organisationen gemacht habe, musste ich Urlaub nehmen und nicht immer hat mein Jahresurlaub dafür ausgereicht. War ich in Neustadt/A. fast ausschließlich im Auftrag meines damaligen Arbeitgebers im Ausland oder wurde für Entwicklungshilfeprojekte großzügig frei gestellt, so waren diese Exkurse für meinen Arbeitgeber am Niederrhein, die Zucht- und Besamungsgenossenschaft Rheinland (ZBR) und später die Rinder-Union West (RUW) uninteressant, wie auch der ET bei den Bauern, die nicht als Mitglied zur Genossenschaft gehörten. Also habe ich ab 1986 den ET in fremden Revieren als privater Auftragnehmer durchgeführt.

Waren es zuerst nur Bauern in Baden Württemberg, Rheinland-Pfalz und Hessen, so kamen nach der Wiedervereinigung noch etliche Agrargenossenschaften und Wiedereinrichter als private Bauern in Mecklenburg-Vorpommern, Brandenburg, Sachsen-Anhalt und Thüringen dazu. Den privaten ET in Deutschland haben wir (meine Frau unser Sohn Robin und ich) an Wochenenden abgewickelt und, wenn viel zu tun war, mit einem zusätzlichen Urlaubstag manchmal von Freitag bis inklusive Sonntag. Die Vorbereitungen zu jedem ET-Programm (hormonelle Zyklussynchronisation, Superovulation und Besamung der Spendertiere) wurden immer von den Haustierärzten erledigt, so dass wir nur für die Durchführung des Programms (Gewinnung, Übertragung und eventuelle Gefrierkonservierung der Embryonen) anreisten. Außer in die verschiedenen Bundesländer der BRD reisten wir in den 1980ern auch mehrfach nach Luxemburg, Österreich, Ungarn und Jugoslawien, um ET-Programme abzuwickeln, die im Auftrage meines damaligen Arbeitgebers, der Besamungsstation Neustadt/A. und zum Teil in Zusammenarbeit mit der TIHO-Hannover abgewickelt wurden. Dabei war es immer meine Aufgabe, die Programme zu organisieren und alles für die Durchführung zu arrangieren.

Besonders problematisch gestaltete sich dabei immer wieder, den Zollvorschriften der verschiedenen Länder, aber allen voran, den der Österreicher gerecht zu werden. Denn für die Einfuhr nach Österreich (wie auch in andere Länder) brauchten wir für unser umfangreiches Instrumentarium (Mikroskope, Operationsbestecke, Spülschläuche, Transfergeräte), Biochemikalien (PBS, BSA, Pyrovat), Hormone (PMSG, FSH, PG) und Fötales Kälberserum (FKS) eine von Österreich erteilte Importerlaubnis, die besonders für Biochemikalien, Sera, Medikamente und

Hormone nur mit großem Aufwand (Antrag auf Importerlaubnis, Ursprungszertifikate für Medikamente und Sera usw., usw.) zu erhalten war. Dazu musste ein österreichischer Amtstierarzt die Zollabnahme an der Grenze erledigen, der an kleinen Grenzübergängen nicht verfügbar war, so dass wir einmal zurückgewiesen wurde und gezwungen war, einen Umweg über die Zollstelle Salzburg zu machen, um überhaupt in die Alpenrepublik einreisen zu dürfen. Für die Durchreise nach Jugoslawien brauchten wir eine Transiterlaubnis, die bei der Einreise von Deutschland nach Österreich, (Zollstelle Salzburg) und bei der Ausreise auf der anderen Seite Österreichs (Zollstelle Spielfeld) nach Jugoslawien kontrolliert und bestätigt werden musste. Danach war bei den jugoslawischen Zöllner die Einreise zu deklarieren. Dieser formalistischen Zwänge bald überdrüssig, habe ich mich schließlich darauf konzentriert, nur noch das zu deklarieren, was ohne Formalitäten als Berufsausrüstung problemlos mitgeführt werden durfte. Die sensiblen Dinge (Medikamente, Sera, Hormone und Biochemikalien) haben wir dann gut verborgen geschmuggelt. Sehr gerne habe ich dabei die österreichischen Zöllner unterlaufen, die ich für besonders genau und kleinlich hielt. Vielleicht war ich aber auch nur durch die nachbarschaftliche Hassliebe der Bayern zu den Österreichern indoktriniert und ungerecht. Meine Frau hat die kleinen Schwindeleien am Zoll immer stillschweigend ertragen, wie sie überhaupt vieles mitgetragen bzw. ertragen hat was ich ihr so zugemutet habe. Denn besonders bei unseren Fernreisen, wenn wir über Wochen unterwegs waren hatte sie das schwerere Los gezogen. Oft war es so, dass ich nachdem der letzte Embryo übertragen war interviewt wurde (Presse, Fernsehen) oder mit mehr oder weniger wichtigen Leuten sprechen musste, während sie sich um unsere Gerätschaften kümmerte (Säubern, Sterilisieren, für den nächsten Tag herrichten oder für die Weiterreise verpacken). Im Hotel wälzte ich mich regelmäßig noch im Bett, wenn sie schon alles für die Abreise fertig machte und die Koffer packte. Ohne sie wäre ich mit meinem ET weniger als die Hälfte wert gewesen.

9. Kapitel: Meine fehlgeschlagenen oder nur halb erfüllten Aufträge und Projekte

Nachdem ich bis jetzt von meinen Erfolgen berichtet habe, sollen hier einige Fehlschläge zur Sprache kommen.

Die schmerzlichsten Fehlschläge hatte ich in meiner frühen Jugend zu verkraften. Mit allem, was mir später daneben gegangen ist, bin ich dann viel besser fertig geworden, denn einerseits war ich meinem Schicksal nicht mehr so hilflos ausgeliefert, wie man das als Kind oder Jugendlicher ist, und andererseits stehen einem später Ausflüchte zur Verfügung oder man kann hier und da noch einiges verbergen. An die Stelle von hoffnungsloser Ausweglosigkeit sind später nur noch Unbehagen und Selbstvorwürfe getreten, die sich unterschiedlich schnell wieder verflüchtigt haben. Allein das emotional verankerte Unbehagen für ein paar unnötige Misserfolge ist mir auf Dauer in der Erinnerung geblieben.

Ziegenbesamung

In meinem Berufsleben war ich neben anderem zuerst als Besamungstechniker und nach meinem Studium als Tierarzt mit der Ziegenbesamung befasst, was mir zunächst nicht nur wenig Freude bereitete, sondern auch ganz und gar erfolglos verlaufen ist. Dabei soll jedoch nicht unerwähnt bleiben, dass die instrumentelle Samenübertragung bei Ziegen aufgrund der anatomischen Verhältnisse komplizierter als bei Rindern ist. Nach meiner Ausbildung zum Besamungstechniker wurde ich im Herbst 1957 unvermutet aus der Rinderbesamung abkommandiert und gegen meinen Willen als Ziegenbesamer nördlich von Erfurt

nach Weißensee beordert. In den umliegenden Dörfern von Weißensee bis nach Sömmerda hatte ich zuerst die Ziegenbesamung
zu organisieren, um danach deren Durchführung zu bewerkstel-
ligen. Als Organisator kam ich mir erst einmal recht wichtig vor,
denn in den einzelnen Gemeinden wurde das von der obersten
Tierzuchtleitung des Bezirkes verordnete Projekt Ziegenbesamung sehr unterstützt. In jedem der angeschlossenen Dörfer
mussten Besamungs-außenstellen eingerichtet werden, wo die
Ziegen zu bestimmten Tageszeiten für die Besamung versam-
melt werden sollten.

Als die Besamungsaison[12] der Ziegen begann, erschienen anfangs nur einzelne laut nach einem Bock meckernde Ziegen und
wurden besamt. Mit der Zeit nahm ihre Zahl jedoch ständig zu,
bis es schließlich für mich immer unbehaglicher wurde, weil es
nicht nur ständig mehr wurden, sondern weil die zuerst besamten Ziegen wegen erfolgloser Besamung erneut erschienen. Die
Methode der Ziegenbesamung mit Sperma, das für ein bis drei
Tage konserviert werden konnte, war damals noch nicht praxisreif und auch meine Abneigung dagegen war keine günstige
Voraussetzung für gute Ergebnisse. Die Ziegenhalter machten
ihrem Unmut Luft, und es wurde immer ärgerlicher diskutiert,
dass die neumodischen Techniken nicht taugten und die altbe-
währte Methode der natürlichen Bedeckung durch Ziegenböcke
wieder eingerichtet werden müsse. Einmal angeordnet musste
ich jedoch gegen jeden Widerstand weiter besamen. Schließlich
wurde bei den Ziegenhaltern der Verdacht geäußert, dass die

---

[12] Ziegen folgen ihrem jahreszeitlich fixierten Fortpflanzungszyklus, werden
gegen Herbstende bis in den Winter brünstig und paaren sich (oder werden
besamt). Nach einer Trächtigkeitsdauer von durchschnittlich 150 Tagen kommen die Lämmer zum Ende des Winters und im Frühjahr zur Welt.

Beeinträchtigung der Fortpflanzung (schlechte Befruchtungsergebnisse) Methode habe, wodurch die private Ziegenhaltung aussichtslos gemacht und letztendlich abgeschafft werden solle. Erst als ich auf meiner Dienststelle in Erfurt aus lauter Verzweiflung mit der Kündigung drohte, wurde ich wieder von diesem Projekt abberufen. Konrad, ein Kollege, der damals noch in der Ausbildung war und mit dem mich bis heute eine unerschütterliche Freundschaft verbindet, musste an meiner Stelle weitermachen. Im Gegensatz zu mir besamte er mit täglich frisch gewonnenem Sperma, wodurch sich die Ergebnisse besserten. Mir war es damals jedoch so sehr zuwider, von den furchtbar stinkenden Ziegenböcken frisches Sperma zu gewinnen, dass ich lieber mit dem konservierten Sperma, das zur Verfügung stand, besamte und die schlechten Befruchtungsergebnisse billigend in Kauf nahm.

Obgleich ich Ziegen noch nie richtig leiden mochte und nach meinem Einsatz in der Ziegenbesamung glaubte, nunmehr gänzlich mit ihnen fertig zu sein, hatte ich knappe zwanzig Jahre später als Tierarzt erneut das zweifelhafte Vergnügen, mit ihnen befasst zu sein. Denn ein für mich interessanter, aber letztendlich ebenfalls erfolgloser Auftrag war das Projekt „Burenziegen"[13]. Alles begann damit, dass Anfang der siebziger Jahre des vergangenen Jahrhunderts allgemein erkannt wurde, dass die Burenziegen bei genügsamer Lebenshaltung in kargen Regionen mit ihren Leistungen anderen Ziegenrassen weit überlegen sind.

---

[13] Die Burenziege ist weltweit die bekannteste Fleischziege, sie wurde in Südafrika von einigen Farmern in der östlichen Kapprovinz aus einer gemischten Landziegenpopulation gezüchtet und ist sehr robust und anspruchslos. Es sind mittelgroße, gut bemuskelte Tiere mit einer tiefen breiten Brust, weißer Grundfarbe, braunem Kopf mit Blässe, dazu die typische Rammsnase und herabhängende Ohren.

Das machte sie besonders für die kleinbäuerliche Tierhaltung in Entwicklungsländern interessant. Deshalb entstand für Entwicklungsländer das Interesse, via TG-Sperma die Leistung der eigenen Ziegenpopulationen durch Ein- und Verdrängungskreuzung zu verbessern. TG-Sperma von Burenziegen war auf dem Weltmarkt nicht vorhanden, weswegen meine damalige Firma, die SPERMEX, ein exklusives Geschäft witterte und mich beauftragte, den Spermaaustausch oder –handel von Burenziegen zu initialisieren.

Die Technik, Ziegensperma im tiefgefrorenen Zustand bei -196° C in flüssigem Stickstoff als Kühlträger zu konservieren und zu lagern, war inzwischen entwickelt und in der Schweiz im praktischen Einsatz; nur in Südafrika nicht, wo die Burenziegen heimisch sind. Deshalb bekam ich den Auftrag, diese neue Technologie dorthin zu übertragen. Den Auftrag habe ich bedenkenlos angenommen, weil ich gerne einmal in die Schweiz reisen wollte, die ich nur vom Hörensagen kannte, und Südafrika war mir, für welchen Grund auch immer, eine Reise wert. Der Chef der Besamungsstation TAURUS in Irene, Ben L., den ich von vorausgegangenen Dienstreisen nach Südafrika kannte, stimmte dem Vorhaben zu, da er bei dieser Sache nicht nur nichts zu verlieren hatte, sonder nur etwas gewinnen konnte. Nachdem die nötigen Vorbereitungen für das Unterfangen getroffen waren, ging es zunächst für eine Woche nach Bütschwil in die Schweiz. Auf der dortigen Besamungsstation habe ich von der Spermagewinnung über die ganze Laborarbeit bis hin zur Insemination die neuste Technik der Ziegen-KB erlernt und aufgefrischt. Die Schweizer Kollegen waren über die Maßen gefällig zu mir, sagten mir aber auch, dass es schon eigenartig sei, dass ein deutscher Tierarzt die Technik der Ziegenbesamung bei ihnen in der

Schweiz erlerne, um sie dann nach Südafrika zu exportieren; was sie auch gerne selber machen würden. Die Arbeit mit den Ziegenböcken hat mir dabei nicht viel Freude bereitet, aber sonst denke ich gerne an die Tage von Bütschwil zurück, an die Abende im Landgasthof, in dem ich einquartiert war und wo ich mit den Kollegen gefachsimpelt oder mit Gästen bei einem Bier auf Deutsch und Schwyzerdütsch philosophiert und der Örgelimusik gelauscht habe. Seit jenen Tagen verbinden mich sehr freundschaftliche Beziehungen mit den Schweizer Kollegen, und wenn ich im Radio Schweizer Örgelimusik höre, habe ich Bütschwil vor Augen und meine, dort noch einmal hinreisen zu müssen.

Mit allem, was ich frisch gelernt hatte, bin ich dann nach Südafrika gereist, um dort auf der Forschungsstation in Irene (nahe Pretoria), mit einem Kollegen, Experimente zur Langzeitkonservierung von Ziegen- und Schafsperma zu machen. Sicherlich habe ich mit den Rezepturen aus der Schweiz (Zusammensetzung des Verdünners [Anteil des Gefrierschutzmittels], Prozedur der Verdünnung, Gefriergeschwindigkeit, usw.) der Sache im erwarteten Maße genützt, nur insgeheim war ich unsicher, ob mein Beitrag letztendlich mit vielen kleinen Ziegenlämmern im Orient und anderen Regionen seinen erfolgreichen Abschluss finden würde. Denn dort hätte ich wieder als Ziegenbesamer Kurse und praktische Übungen dazu abhalten müssen. Aber es kam anders.

Aus Südafrika zurück in Deutschland habe ich meinen obligatorischen Bericht angefertigt, so dass das Projekt von meinen Vorgesetzten (Chef und Aufsichtsrat) bis dahin als planmäßig erfüllt akzeptiert wurde. Der nächste Schritt in dieser Sache war nun, die für den Export aus der Republik Südafrika nötige Lizenz mit Veterinärattest und die verschiedenen Zuchtdokumente zu beantragen. Doch da verbot der Südafrikanische Zuchtverband für Burenziegen, wohl aus monopolistischen Erwägungen, den Export von Tieren und Sperma dieser Rasse. Damit fand das Projekt sein jähes Ende. Ich war nicht traurig, als die Sache wegen administrativer Hintergründe und nicht etwa wegen schlechter Befruchtungsergebnisse abgebrochen wurde, denn bis hierhin hatte ich alle Anforderungen erfüllt, ohne zu erfahren (vielleicht zu meinem Glück), ob ich meine Sache auch wirklich gut und richtig gemacht hatte.

Nullrunden im Embryotransfer

Mit Nullrunden im Embryotransfer habe ich in meinem Umfeld so etwas wie traurige Berühmtheit erlangt, und es tröstet auch nicht wirklich, wenn einem Kollegen sagen: „Mir ist so etwas auch schon passiert". Denn eigentlich widerfährt das jedem, der Embryotransfer macht. Doch wird mit Rücksicht auf das eigene Image meist weniger freimütig darüber geredet, wie ich das zuweilen gemacht habe. Denn die richtig schmerzlichen Nullrunden sind die ET-Programme, bei denen man nach der Embryogewinnung mehrere tauglich erscheinende Embryonen isoliert, auf Empfängertiere überträgt und am Ende keinerlei Trächtigkeiten (Erfolg) erzielt. Andere, weniger schmerzliche Nullrunden, sind solche, bei denen die Embryogewinnung erfolglos verläuft. Denn es wird als unabwendbar akzeptiert, wenn das Spendertier nach entsprechender Vorbereitung keine Embryonen produziert hat, was mit unerkanntem Stress, Krankheit, subklinischer (unbemerkter) Gebärmutterentzündung oder Hormonstörung plausibel erklärt werden kann.

Nach der Wiedervereinigung haben meine Frau und ich sehr umfangreiche ET-Programme in den Neuen Bundesländer durchgeführt und dabei am 11.10.1993 in der Nähe von Bismart in Sachsen Anhalt eine ärgerliche Nullrunde fabriziert. An diesem Tage wurden von uns 11 superovulierte (mit Hormonen vorbehandelte) und besamte Spendertiere einer Embryoausspülung unterzogen. Insgesamt gewannen wir dabei 79 für die Übertragung taugliche und untaugliche Embryonen. Davon wurden 48 als normal entwickelt klassifizierte Embryonen auf Empfängertiere übertragen, von denen nach glaubhaften Aussagen des Bauern kein einziger überlebt hat. Wie kann so etwas passieren, wird dann immer spekulativ gefragt. Als Erklärung kommt eine unerkannte Futtermittelvergiftung bei den Empfängertieren in Frage oder die Embryonen sind in der Nährlösung abgestorben, weil diese verdorben war. Nach dieser Pleite hat sich der Bauer bis heute nicht wieder bei mir gemeldet, geschweige denn, mich für ein weiteres ET-Programm bestellt.

Eine ebenfalls totale Pleite mit dem Embryotransfer hatte ich in der Eifel im Grenzland zu Belgien zu verkraften. Nach einem zunächst sehr erfolgreich verlaufenen Embryoübertragungsprogramm gab es keine tragenden Empfängertiere; also eine weitere Nullrunde. Erst nach langen Recherchen stellte sich heraus, dass die Empfängertiere (nicht die Spenderkuh) bei der Vorbereitung zum ET-Programm aus arbeitstechnischen Gründen gleich auch gegen Parasiten behandelt wurden, was ich weder angeordnet noch zu verantworten hatte. Die im Körper befindlichen Parasiten (z. B. Leberegel, Lungenwürmer, Blutparasiten, usw., usw.) sterben nach einer solchen Antiparasitenbehandlung ab und lösen sich auf. Die Zerfallsprodukte wirken dann als Gift im Körper und beeinträchtigen den Gesamtorganismus und auch die Fruchtbarkeit.

Ein ganz anderes Malheur widerfuhr mir dagegen in Costa Rica. Dort hatte ich im Februar 1986 an der Universität in San Jose recht erfolgreich ein Seminar mit klinischer Demonstration zum Embryotransfer abgehalten und wurde ein Jahr später für ein kommerzielles ET-Programm erneut nach dort bestellt. Der vor Ort zuständige Kollege, der das Programm organisieren sollte, sagte mir am Telefon, dass ich keinen Zeitplan für das anstehende ET-Programm zu schicken bräuchte, weil er die Pläne des vorausgegangenen Programms eins zu eins übertragen und übernehmen wolle. Ich stimmte gerne zu, ersparte es mir doch diesen Teil der Arbeit. Die mir in Kopien zugeschickten Pläne (alles in Spanisch) studierte ich erst kurz vor meiner Abreise und entdeckte, dass er sich um einen Tag vertan hatte. Wir mussten also schon am Tag meiner Ankunft in San Jose, es war Sonntag, der 5. April 1987, mit der Arbeit beginnen. Ich richtete mich vor meinem Abflug entsprechend ein und so ging es nach meiner Ankunft vom Flughafen direkt zum ersten Bauer. Durch diesen harmlosen Fehler war ich am Ende aber auch einen Tag früher mit der Arbeit fertig, weil alle so vorbereiteten ET-Programme einen Tag vorgezogen werden mussten. Der viel größere Fehler sollte sich jedoch erst noch zeigen. Denn durch die falsche Dosierung eines der beteiligten Hormone (die Spendertiere hatten nur die halbe klinisch wirksame Dosis Prostaglandin alpha erhalten) fanden wir außer bei einer Spenderkuh nur unbefruchtete Eizellen. Allein diese Kuh hatte acht taugliche Embryonen produziert, die auch auf Empfängertiere übertragen werden konnten. Vermutlich passte der Brunstzyklus dieser Kuh zufällig mit den Daten des Programms soweit überein, dass sie der induzierten Brunstsynchronisation gar nicht bedurfte. Der Erfolg einer ganzen Arbeitswoche waren am Ende sechs Trächtigkeiten aus den acht übertragenen Embryonen. Alle beteiligten Bauern und der Kollege waren traurig, bezahlten am Ende aber, ohne zu murren, die entstandenen Unkosten, während ich mit ihnen fühlte. Da ich diese Pleite nicht verschuldet hatte, konnte ich sie leicht ertragen, machte mir noch ein paar schöne Tage in Costa Rica und einen Abstecher nach Panama, bevor ich beladen mit Souvenirs wieder heim flog. Trotz der Pleite hatten die Ticos, wie sich die Costaricaner selber nennen, vom ET noch nicht genug und holten mich mit meiner Frau später wieder in das tropische Paradies nach Mittelamerika.

Weitere und ebenfalls sehr kostenintensive Fehlschläge im ET seien nur noch am Rande erwähnt. Auch in Südafrika hatten wir eine herbe Pleite zu verkraften, als unsere Ausrüstung fehlgeleitet erst mit tagelanger Verspätung ihr Ziel erreichte und wir uns mit Provisorien (geliehene Instrumente und Medikamente) behelfen mussten, bis wir endlich mit unserer eigenen Ausrüstung weiterarbeiten konnten.

Einsätze auf Besamungsstationen

Meine Einsätze auf verschiedenen Besamungsstationen, bei denen ich meistens den Auftrag hatte, neue Techniken der Spermaaufbereitung zu vermitteln, waren nicht immer ganz einfach, weil auf den Stationen gerne an den altbewährten Methoden festgehalten wurde. Denn jede Veränderung, wie zum Beispiel die Umstellung der Frisch- oder Flüssigsamen-verarbeitung bei $4-6°$ C auf die Tiefgefrierkonservierung bei $-196°$ C hat immer erst eine Verschlechterung der Befruchtungsergebnisse zur Folge, bis sich die neue Methode eingespielt und etabliert hat. Dazu spielte noch eine Rolle, dass den Stationen die Umstellung der Spermakonservierung manchmal von übergeordneten Stellen verordnet wurde und dem Personal nicht behagte. Deshalb begegnete mir gelegentlich eine sehr ablehnende und frostige Atmosphäre, wenn ich erschien, um die Laborarbeit einer Besamungsstation umzukrempeln. So musste ich oft im Vorfeld mit Engelszungen reden und das neue Verfahren erklären (dauerhafte über Jahre gleich bleibende Befruchtungsfähigkeit und Qualität des Gefrierspermas), bevor es im Labor an die Arbeit ging.

Dennoch bahnte sich für mich ein von Anfang an interessanter Auftrag im Libanon an, wo ich für ein Vierteljahr auf der zentralen Besamungsstation die Spermakonservierung auf das Tiefgefrierverfahren umstellen sollte. Neben der Tätigkeit im Labor war geplant, die angeschlossenen Besamungstechniker zu schulen und den Außendienst an die Neuerungen anzupassen. Bei meinem ausgiebigen Inspektionsbesuch im August 1975 hatte ich für die Berichterstattung mit Vorschlägen zur Durchführung des Projektes gut recherchiert. Die nötigen Vorbereitungen für meinen Einsatz waren getroffen, aber der libanesische Bürgerkrieg, der entflammt war, hat das Vorhaben schließlich zunichte gemacht. Zu gerne wäre ich in die Schweiz des Orients mit der damals blühenden Metropole Beirut in „Das Land von Milch und Honig" (Psalmen im Alten Testament und im Hohen Lied Salomons) gegangen. Denn nicht zuletzt haben mich dort neben einer überschwänglichen Gastfreundschaft verschiedene Bräuche der Libanesen begeistert, die mir immer noch in Erinnerung sind. In Zahle, einer vorwiegend von Christen bewohnten 50.000 Einwohnerstadt in Becaa valley (Hochebene zwischen Libanon-Gebirge und Antilibanon), wo ich einquartiert war, luden mich Kollegen eines abends zu einem mit besonderen Ritualen verbundenem Arraktrinken ein. In Erinnerung ist mir geblieben, dass ich, wohl weil ich furchtlos mittrank, zu vorgerückter Stunde mit einer feierlichen Erklärung als Mitglied in eine Männerrunde aufgenommen wurde. Auch habe ich den immer selben Trinkspruch: „Auf dass dein nächster Nachkomme ein Junge ist" so gut ich konnte auf Arabisch laut und vernehmlich mitgesprochen und danach wie die anderen das mit Arrak gefüllte Glas auf Ex geleert.

Auf meinen Reisen in den mittleren Osten habe ich noch ein paar Mal einen Abstecher von Damaskus mit dem Servicetaxi nach Zahle ins schöne Becaa valley gemacht, wenn der Bürgerkrieg im Libanon gerade eine Pause machte. Denn gerne habe ich nach der Erledigung meiner Aufträge noch einen oder zwei Urlaubstage angehängt und bin manchmal erst auf Umwegen heimgereist. Denn auch von Amman, wo ich mehrere Besamungskurse abgehalten habe, konnte man gut mit dem regelmäßig überladenem Linienbus oder einem Servicetaxi nach Damaskus und von da in den Libanon reisen. Jede dieser Reisen hatte etwas Abenteuerliches an sich, und nicht selten habe ich nicht nur wegen der Hitze geschwitzt, sondern auch vor Angst, wenn ich mangels Einreisevisum an einer Grenze aufgehalten wurde. So habe ich einmal sehr lange an der syrisch-libanesischen Grenze gewartet, bis mir nach Vernehmung und einem Strafgeld ein Visum ausgestellt und die Einreise in den Libanon erlaubt war. Von Zahle aus bin ich danach immer über Beirut heim nach Frankfurt geflogen. Erst als der mir sehr befreundete Kolleg Dr. Charles I. bei Bürgerkriegsunruhen umgekommen war, habe ich Zahle nicht mehr besucht, zumal es auch immer brenzliger wurde, über Beirut zu reisen. Bei meinem letzten Libanonbesuch zusammen mit meiner Frau, es muss 1981/82 gewesen sein, glich Beirut mit zerschossenen Häusern und Ruinen dort einer Geisterstadt, wo die Stadtteile der Christen und Moslems aneinandergrenzen.

Meine kurativen Fehlgriffe

Für die in ET-Programmen verwendeten Tiere musste ich tierärztlich kurativ tätig werden, wenn sich irgendwelche Erkrankungen bemerkbar machten, wenn bei den ET-Kälbern Geburtsprobleme auftraten oder wenn schwache oder kranke Kälber nicht leben und nicht sterben wollten. Bei den Bauern war ich dafür auch immer gerne gesehen, weil ich das in Nordbayern im Rahmen der ET-Zuchtprogramme mitzumachen hatte und dafür keine Extrakosten erhoben wurden. Mit furchtlos erscheinendem Auftreten habe ich dabei manche Unsicherheit verborgen und bis hin zum Kaiserschnitt alles angepackt, was mir zufiel. So hat bei einem Kaiserschnitt zwar das ET-Kalb überlebt, aber das Trägertier nicht. Die Operation war problemlos verlaufen, nur lag das Tier am nächsten morgen tot im Stalle und war innerlich verblutet. Mir tut immer noch leid, dass das arme Vieh durch mein Ungeschick umgekommen ist. Auch habe ich einen großen Bullen (Besamungsstation Kleve am Niederrhein) auf dem Gewissen, dessen Krankheitsbild ich zuerst nicht ernst genommen hatte und den ich erst richtig untersucht und behandelt habe, als er schon auf dem Weg ins Jenseits war. Bei anderen Patienten, die mir unter den Händen kaputtgegangen sind, weiß ich nicht, dass ich mich falsch oder nachlässig verhalten habe und nehme als gegeben hin, dass sie meine tierärztlichen Bemühungen nicht überlebt haben.

10. Kapitel: Untaten und Blamagen

Veranlasst durch Bekannte und Freunde, denen ich manchmal von meinen Auslandsreisen erzählt habe, komme ich den Empfehlungen nach, einige meiner unrühmlichen Taten preis zu geben. Denn wer sich selber nicht zum Besten haben kann, gehört sicherlich auch nicht zu den Besten.

Hot und Cool

Eines Morgens werde ich in einem Hotelzimmer wach, die Sonne steht hoch am Himmel, ich weiß nicht, wo ich bin, und fürchte, verschlafen zu haben. Mein Brummschädel lässt auf eine Alkoholintoxikation als Folge eines schweren Trinkgelages schließen. Mir will nicht einfallen wo ich mich befinde und mit wem ich Tags zuvor oder am Abend bis in die Alkoholnarkose getrunken habe. Wie ich in das fremde Hotelzimmer gekommen bin, weiß ich bis heute nicht. Es ist nobel und großzügig eingerichtet, und als ich mich im Bad umsehe, entdeckte ich auf den Wasserhähnen „hot" und „cool". Mir wird klar, ich bin nicht in Deutschland.

Auf der Bettkante sitzend denke ich nach und brauche eine Weile, bis mir langsam dämmert, dass ich auf einer Dienstreise in Irland bin. Im Labor der Besamungsstation von Sligo in Nordwestirland soll ich herausfinden, warum die Tiefgefrierkonservierung von Bullensperma mit dem aus Deutschland gelieferten Chemikalien nur unzureichende Ergebnisse bringt. Den Abend hatte ich mit meinen irischen Kollegen in einer Kneipe gezecht, nachdem wir den Fehler tagsüber im Labor gefunden hatten. In meiner Naivität war ich in meinem Lieblingsoutfit, einer ledernen Kniebundhose und Trachtenjanker, nach Irland gereist, womit ich natürlich überall auffiel. Jedem Gast, der in die Kneipe kam, wurde ich zum allgemeinem Gelächter mit folgenden Worte vorgestellt: „May I introduce you to a German veterinarian in his uniform" (Darf ich dir einen deutschen Tierarzt in seiner Uniform vorstellen). Dazu wollten mir meine Zechbrüder am liebsten die Kniebundhose noch an Ort und Stelle abkaufen.

Aber zurück zu meiner Gedächtnislücke: Mit Schrecken fällt mir auf, dass ein großer Teil meiner Sachen noch im Mietwagen sein muss. Denn ich war dabei, in ein anderes Hotel umzuziehen. Den Autoschlüssel finde ich in meiner Hosentasche, aber vom Auto keine Spur. Zum Glück fällt mir der Name der Kneipe wieder ein, und so bringt mich eine Taxe zum „Shipers In". Das Auto ist unversehrt vor der Kneipe geparkt und so machte ich mich mit meinem Brummschädel auf zur Besamungsstation. Im Labor ist reges Treiben, als ich mit großer Verspätung ankomme, und die anfänglich reservierte Stimmung ist mir gegenüber inzwischen freundlicher geworden, denn die Iren sahen anfangs so etwas wie einen Revisor in mir.

Den zunächst undankbar erscheinenden Auftrag, in einem fremden Labor einen Fehler im Arbeitsablauf zu finden, hatte ich mit viel Glück gelöst. Denn mir fiel auf, dass die verwendeten Chemikalien geringgradig verklumpt erschienen, ähnlich wie Kochsalz, das bei hoher Luftfeuchtigkeit Wasser aufnimmt und verklumpt. Bei der weiteren Verarbeitung zeigten Kontrollmessungen abweichende pH-Werte, womit sich des Rätsels Lösung offenbarte: Die Chemikalien waren verdorben. Ich war froh, den Fehler gefunden zu haben, und die Iren freuten sich, weil sie keinerlei Schuld an der Misere traf, denn die chemischen Teilkomponenten mit der Arbeitsrezeptur waren in Deutschland zusammengestellt worden. Mit ironischem Unterton und unverhüllter Freude sagte mir mein Kollege mehrfach: „You clever Germans got the blame" (Ihr klugen Deutschen seit schuld). Die Freude war jedoch viel größer auf meiner Seite; hatte ich doch meine Aufgabe bis hierhin überzeugend gelöst, wie ich meinte.

Zurück in Deutschland habe ich als nächstes meinen alten Chemieprofessor Dr. D. von der Tierärztlichen Hochschule Hannover angerufen, der mir auf meine Beschreibung den Chemismus, der zur Verklumpung geführt hatte, haarklein erklärte. Nach dem Einwiegen (Vermengen) der Chemikalien hatten sich während der Lagerung schwerlösliche komplexe Moleküle gebildet. In meinem Bericht habe ich dann beschrieben, dass ich die Verklumpung der Chemikalien als Hinweis erkannt und die ursächliche Reaktion der beteiligten Chemikalien ableiten und via pH-Wert überprüfen konnte. Die Anerkennung, die mir danach zuteil wurde, genoss ich sehr, habe aber mit vorgetäuschter Bescheidenheit die Angelegenheit heruntergespielt.

Meine Verhaftungen in Dover und Nikosia

Als ehemaligen Volksarmisten wollte mich die Bundeswehr verpflichten, nachdem ich der DDR den Rücken gekehrt und mich in Mittelfranken eingerichtet hatte. Die Vereidigung, die bei der Bundeswehr wie ehemals bei der Volksarme unumgänglich war/ist, machte mir große Sorgen, weil ich keine erneute Vereidigung eingehen wollte. Denn mein Meineid der DDR gegenüber bereitete mir damals großes Unbehagen. Abwandern nach England war der Ausweg, und besonders, um Englisch zu lernen, habe ich 1961 meine Zelte in Mittelfranken abgebrochen und bin als Tourist nach Oxford gereist.

Durch Bekanntschaften und viel Glück habe ich ohne Englisch-kenntnisse nach einiger Zeit Arbeit auf einer Farm gefunden. Als die erlaubten drei Monate Aufenthaltserlaubnis für Touristen verstrichen waren, bin ich für einen Kurzurlaub nach Deutschland gereist und danach gleich wieder auf die Insel zurückgekehrt. Eigentlich war das illegal und deshalb habe ich bei der zweiten Einreise in das britische Königreich meinen Ausweis vorgezeigt, nachdem ich beim ersten Mal mit dem Reisepass eingereist war. Alles verlief problemlos, und so habe ich das fortan mit wechselnden Ausweispapieren immer wieder versucht, bis ich eines Tages bei der Zollkontrolle auffiel. In meinem VW-Käfer hatte ich neben Gummistiefeln noch andere Utensilien, die mich mehr als unerlaubten Schwarzarbeiter denn als Touristen brandmarkten.

Der diensthabende „Imigration officer" lies mich nach kurzer und scharfer Vernehmung verhaften. Zwei „Bobbys" führten mich ab und brachten mich schließlich zurück auf das Schiff, mit dem ich gekommen war. Auf dem Wege dorthin sah ich eine Telefonzelle und bat die zwei Polizisten, meinen Chef in Süd-wales anrufen zu dürfen. Nachdem sie mir das verweigert hatten, steuerte ich zielstrebig mit Kraft auf die Telefonzelle zu, woraufhin mich die zwei in die sprichwörtliche Zange nahmen und sagten: „Boy, don't trouble us, we get rid of you", (etwa: Junge mach uns keinen Ärger, wir werden mit dir fertig). Ich sah ein, dass ich gegen die zwei keine Chancen hatte und gab auf.

Auf dem Schiff angekommen, wurde ich dem Kapitän übergeben, der mich durch einen Matrosen bewachen lies. Ich konnte mich frei bewegen, nur der Matrose musste mich auf Schritt und

Tritt begleiten. Sorge und Ärger plagten mich, und so wanderte ich zerknirscht und missmutig in dem großen Fährschiff umher. Irgendwann stand ich an der Reling, wo das Schiff auch vertäut war. Die Landungsbrücke war eingeholt, aber der Spalt zwischen Schiff und Kaimauer war nicht sehr groß, und ich war versucht, mit einem Sprung vom Schiff an Land zu gehen. Dem Matrosen, der ein älterer Mann war, sagte ich, dass ich überlege, an Land zu gehen, und wenn er mich daran hindern wolle, würde ich ihn über Bord werfen.

Die ganze Zeit hatte er versucht, freundlich auf mich einzureden, er zeigte und erklärte mir mehr vom Schiff, als ich hören und sehen wollte; nur plötzlich quoll es förmlich voller Angst aus ihm heraus: "I told the Captain I can't mannage this gay he is far to big for me, but the captain did not listen to me" (Ich habe dem Kapitän gleich gesagt, dass ich mit diesem Burschen nicht fertig werden kann [nicht auf ihn aufpassen kann], der ist viel zu groß für mich. Aber der Kapitän hat nicht auf mich gehört). Es war kein Wunder, dass der Mann Angst vor mir hatte, denn auf dem Schiff war niemand mehr zu sehen. Dazu mein grimmiges Verhalten und mein kaum vertrauenerweckendes Aussehen mit einem wild gewachsenen Vollbart. Er riet mir, nicht zu flüchten, weil ich mit Sicherheit nicht weit käme, denn das Gelände sei umzäunt, das Auto unter Verschluss und ich ohne Pass; alles würde nur noch viel schlimmer, wenn ich von Bord ginge. Ich sah mich erneut geschlagen und gab auf.

Die anstehende Nacht wollte nicht zu Ende gehen und als es endlich Tag wurde, dachte ich schon, ich sei vergessen worden. Endlich wurde ich abgeholt und erneut von einem, dann aber sehr gefälligen, „Imigration officer", angehört. Der telefonierte schließlich mit meinem Boss in Wales und erlaubte mir am Ende die Einreise in das Vereinigte Königreich Großbritannien.

Ein paar Jahre nach meiner Verhaftung in Großbritannien hatte ich anlässlich einer Dienstreise auf der griechischen Seite von Zypern zu tun und wie fast immer fotografierte ich eifrig, was mir vor die Linse kam. Plötzlich höre ich hinter mir in einem lauten Befehlston: „hands up"! Mit der Kamera in der Hand hebe ich die Hände, drehe mich um und sehe vier Soldaten, von denen drei ihre Maschinenpistolen auf mich gerichtet haben. Der vierte Soldat war der Komandogeber. Ich werde abgeführt und muss dann warten, bis ich zur Vernehmung abgeholt werde. Die Kamera ist konfisziert und mir wird erklärt, dass ich militärische Grenzbefestigungen fotografiert hätte und wegen des Verdachtes der Spionage verhaftet sei. Der Film soll entwickelt werden und alles Weitere hinge davon ab, was ich sonst noch fotografiert hätte. Es dauert ewig lange, bis ich aus meinem kahlen Raum oder Zelle geholt werde. Mir wird erklärt, dass ich, wie in der Vernehmung angegeben, nur ein paar Aufnahmen von den Grenzbefestigungen gemacht hätte und dass ich mit einer ernst zu nehmenden Verwarnung davon komme. Die Kamera erhalte ich ohne Film zurück und so bin ich in Gnaden entlassen.

Apartheid einmal andersherum

Rhodesien mit seiner Hauptstadt Salisbury, jetzt Simbabwe und Harare, waren immer mein Lieblingsziel, wenn ich im südlichen Afrika als Messeinformator oder in anderer Mission (Vorträge, Besamungskurse, Embryo-Transfer) unterwegs war. Das änderte sich jedoch, nachdem in Rhodesien die Zeit der Apartheid durch den rhodesischen Buschkrieg mit der Unabhängigkeit sein Ende fand. Mit Robert Mugabe (ab 1981 Staatspräsident) wurden in Rhodesien/Simbabwe die weißen Siedler immer mehr diskriminiert, was eine dramatische Kapitalflucht durch die Weißen zur Folge hatte. In dieser Zeit habe ich bei meiner Abreise aus Harare nach Johannisburg einem alten Bekanntem zu Liebe 300 Südafrikanische Rand (damals etwa 1.300 DM) in bar mitgenommen, die bei der gründlichen Zollkontrolle am Flughafen entdeckt wurden. Mit meinen Ausreden, ich hätte sie schon mitgebracht, aber nur vergessen anzumelden, kam ich immer mehr in die Enge.

Alle Passagiere für meinen Flug waren längst abgefertigt und ich wurde noch wegen Devisenschmuggel vernommen. Eine offenbar hochrangige hübsche schwarze Zöllnerin stauchte mich förmlich in Grund und Boden, so dass ich dachte, mir stehe eine erneute Verhaftung bevor. Doch dann ließ sie mich in letzter Minute den Koffer packen und an Bord gehen. Ärgerlich auf meinen Freund und erst einmal fertig mit meinem Lieblingsland Rhodesien/Simbabwe, habe ich mich auf dem Flug von Harare nach Johannisburg bei gutem On-Bord Service mit ausreichend Whisky und Tuborg-Bier von meinem Schrecken erholt. Aus dem ehemals blühendem Land Südrhodesien ist unter Mugabes Staatsführung das durch Armut und Hungersnöte gebeutelte Simbabwe geworden. Danach habe ich das Land nicht wieder besucht.

Pannen, Panik und am Ende ein Vollrausch in Costa Rika

Zu Beginn meiner Tätigkeit im Ausland hatte ich die unterschiedlichsten Schwierigkeiten zu bewältigen, weil mir die Erfahrung fehlte, auf unvermutete Widrigkeiten vorbereitet zu sein. Dennoch habe ich damals jede Anfrage angenommen, die ich erhielt, ohne zu ahnen, was sich manchmal dahinter verbarg. Als ich den Auftrag erhielt, in Costa Rica Embryotransfer (ET) durchzuführen, hatte ich zwar schon eine umfangreiche Praxiserfahrung mit der neuen Technik, musste aber im Atlas erst nachsehen, wo Costa Rica überhaupt zu finden ist.

Von Amsterdam ging es mit KLM und einem Zwischenstopp auf den niederländischen Antillen weiter nach Mittelamerika. Den Zwischenstopp in Sint Maarten auf den Antillen nutzte ich zu einem kleinen Ausflug und mit freudiger Erwartung flog ich dann weiter nach Costa Rica. In San Jose angekommen wurde ich schon am Flughafen erwartet; alles war offensichtlich perfekt vorbereitet. Mit dem Auto ging es am nächsten Tag weit in das Landesinnere, bis wir schließlich auf einer abgelegenen Finka ankamen. Ich richtete mir wie immer als erstes ein provisorisches Labor ein, bevor ich mich den Tieren zuwendete. Dabei fiel mir sofort auf, dass die Mikroskoplampe nur ganz schwach glimmte; damit konnte man nicht arbeiten. Es stellte sich schnell heraus, dass das dortige Stromnetz mit 110 Volt betrieben wurde und kein Stromanschluss mit 220 Volt existierte, den ich für das Mikroskop benutzen konnte. Weder ein Elektriker war erreichbar, noch schien auch nur der Schimmer einer Lösung des Problems in Sicht.

Nach dem sprichwörtlichen Strohhalm suchend und greifend, konnte ich meine innere Panik kaum verbergen. Schließlich entdeckte ich elektrische Hochspannungsdrähte, die ich gedachte anzuzapfen. Niemand wusste, welche Stromstärke sie führten und welche zwei der vier Leitungen für meine Zwecke die richtigen sein könnten. Egal, was passierte, wenn ich die Leitungen anzapfte, konnte ich eigentlich nur noch gewinnen, oder es war aus mit dem ET, denn das Programm konnte nicht auf spätere Tage verschoben werden. Die Leute brachten mir ein langes elektrisches Kabel und eine Leiter. Zwei Phasen des Kabels isolierte ich so, dass an den Enden etwas Isolierung zum anfassen verblieb. Denn die zwei Phasen sollten jede um die Hochspannungs- bzw. Freileitung gewickelt werden. Zu allem Pech musste ich mein Glück mit einer Aluminiumleiter versuchen, durch die ich gut geerdet war und Gefahr lief, bei Stromkontakt einen elektrischen Schlag verkraften zu müssen. Eine Holzleiter, mit der ich vor Stromschlag sicher gewesen wäre, existierte nicht. Auch wollte keiner der Anwesenden auf die Leiter steigen und die Drähte verbinden. Als ich oben auf der Leiter stehend die zweite Phase um die Freileitung wickelte, wurde mir von unten freudig zugerufen, dass helles Licht am Mikroskop zu sehen ist. Beglückt stieg ich ab und begann mit meiner Arbeit, nur am Ende musste ich erneut meinen ganzen Mut zusammennehmen und die Drähte wieder abmachen.

Im Laufe der Jahre bin ich noch öfter nach Costa Rica bestellt worden und habe zu den kommerziell durchgeführten ET-Programmen auch Seminare und Vorlesungen mit klinischer Demonstration zum ET für Veterinärstudenten und Tierärzte abgehalten. Durch diverse Einladungen habe ich dabei das Land bereist und auch einen Abstecher nach Panama gemacht. Nur einmal ist mir eine Einladung zu einer Grillpartie wegen einer hochgradigen Alkoholintoxikation nicht gut bekommen.

Im Rahmen einer Fortbildungsveranstaltung, die über mehrere Tage ging, waren die Teilnehmer eines Abends zu einer Grillpartie auf eine Farm bzw. Finka eingeladen. Mir wurde ein bequemer Schaukelstuhl zugewiesen, aber zu Trinken gab es erst einmal nichts. Ich hoffte und wartete auf ein Bier, als plötzlich ein Pickup vorfuhr und eine Kiste weißer Rum mit einer größeren Menge Coca-Cola abgeladen wurde. Ich erhielt ein Brauseglas, das zu einem Viertel mit Rum gefüllt und bis zum Rand mit Coca-Cola aufgefüllt war.

Den ganzen Abend wurde ich mit Grillfleisch versorgt, und ein Teilnehmer nach dem anderen kam, um mit mir auf Ex zutrinken. Ein prima Abend bis zum Aufbruch, als ich merkte, dass ich nicht aufstehen konnte. Im Kopf war ich sonst noch recht klar, nur die Beinmotorik und mein Gleichgewichtsorgan funktionierten nicht mehr. Zwei Mann griffen mir unter die Arme, transportierten mich ins Auto, und als wir am Hotel angekommen waren, in mein Zimmer. Danach alleine mit meinen Koordinationsstörungen sauste ich plötzlich quer durch das Zimmer, und um nicht zu stürzen, hielt ich mich am Waschbecken fest, das ich dabei von der Wand riss. Der Knall und die Porzellantrümmer ließen mich kalt, ich kroch in mein Bett und schlief ein.

Am nächsten Morgen, als ich wach wurde, vielleicht bin ich auch geweckt worden, dachte ich, das Zimmer wird schlimm aussehen. Aber alles war in Ordnung, das Waschbecken an der Wand und das Zimmer spurlos sauber, nur der Koffer fehlte. Ich war, ohne es zu merken, umquartiert worden. Für den anstehenden Tag standen Vorlesung und Seminar auf dem Plan. In den Vorlesungspausen hörte ich mehrfach „Borracho", woraufhin ich meinen Dolmetscher fragte, was das hieße. Denn meine fragmentarischen Spanischkenntnisse reichten nicht bis „Borracho". Betrunken ist also das Synonym für „Borracho". Jetzt wusste ich, was in der Diskussion war. Alle hatten ihre Freude an dem Malheur, nur ich mit meinem Brummschädel fand es nicht witzig. Meinen nächsten Vortrag begann ich damit, dass ich jetzt mein Spanischvokabular um einen neuen Begriff erweitert hätte, aber nicht etwa traurig sei. Denn mich tröste, dass „Borracho" nur eine temporäre Erscheinung sei, während Hässlichkeit und Dummheit als unwiderruflich und permanent viel schlimmer ist. Damit hatte ich die Lacher auf meiner Seite und die schadenfreudige Diskussion schien beendet. Ich wurde auch nicht auf meine Trümmerwüste im Hotel und auch nicht auf irgendwelchen Schadensersatz angesprochen, und nicht einmal mein Image schien darunter gelitten zu haben. Es sei denn, ich habe durch meine Dickfälligkeit nichts registriert und mir dadurch ein schlechtes Gewissen erspart. Meine mitunter leidgeprüfte Frau sagte zu solchen Eskapaden, wenn sie davon erfuhr: „Männer dürfen das!" und ihr spöttischer Unterton war dabei nicht zu überhören.

Die Nummer muss ich sehen

Nach meiner Flucht aus der DDR 1959 in das schöne Frankenland hatte ich Glück, denn ich konnte nach meinem neuen Start im „Goldenen Westen" bald wieder als Besamungstechniker arbeiten. Da in Franken viele Bauern selber Schnaps brennen, gab es regelmäßig, nachdem die Kuh besamt war, einen Befruchtungsschnaps. Bei Bauern, die noch eine Gastwirtschaft betrieben, wurde meistens nach erfolgter Besamung in der Gaststube bei einer „Halben" (halber Liter Bier), der Besamungsschein ausgefüllt und die Daten in die Besamungskartei eingetragen.

Ich war kaum als Besamer in Amt und Würden, da ist bei einem Bauern, zu dessen Betrieb eine Gastwirtschaft gehört, eine Kuh zur Besamung angemeldet. Es ist später Vormittag, und weil ich niemanden mehr im Stall vermute, gehe ich gleich in die Gaststube und sag der Wirtin/Bäuerin, dass ich wegen der angemeldeten Besamung einer Kuh gekommen bin. Zwei Bierkutscher, die zufällig in der Gaststube sitzen und Brotzeit machen, horchten auf und fragen: „was – Besamung"? Woraufhin einer der beiden noch sagt: „Die Nummer muss ich sehen". Ich habe für derartig respektlose Bemerkungen keinerlei Verständnis, fühle mich provoziert und bin sauer. Beide stehen auf und folgen der Wirtin und mir in den Kuhstall. Als mir die Frau die zu besamende Kuh zeigt, habe ich Gelegenheit, ihr flüsternd zu sagen, dass ich die zwei verschaukeln wolle und sie möge das Verwirrspiel mitmachen.

Gesagt getan. Etwas umständlich machte ich die Besamungsspritze fertig, fülle, für die zwei Zuschauer deutlich sichtbar, den Samen in die Besamungspipette und schreite zur Tat. Behutsam auf die Kuh einredend gehe ich vor zum Kopf der Kuh, erfasse das mir zugewandte Ohr und spritze ihr das Sperma ins Ohr. Daraufhin schüttelte die Kuh etwas unleidig den Kopf und verhält sich dann wieder unauffällig. Ich reinige meine Gummistiefel, wasche mir die Hände, setze mich auf einen Melkschemel und fülle den Besamungsschein aus. Ratlos und verdutzt fragt mich der Wortführer der zwei: „War das alles"? Ich sage: „ja oder was wollt ihr sonst noch sehen?" Daraufhin verziehen sich die zwei. Ich besame die Kuh noch lege artis (kunstgerecht) und gehe danach meiner Wege. Bei späteren Besuchen in der Wirtschaft habe ich, wenn ich im Stall fertig war, regelmäßig in der Gaststube bei einer Halben den Schriftkram erledigt und mit verborgenem Schmunzeln der zwei Bierkutscher gedacht, von denen ich nichts wieder gehört, nichts gesehen habe.

Im Sommer wie im Herbst, wenn viel Feldarbeit anstand, war oft niemand im Betrieb, wenn ich zur Besamung bestellt war. Die Hoftüre und der Stall waren offen, und im Stall standen Wasser, Handtuch und Seife für die Besamung parat. Auf einem Zettel war die zu besamende Kuh mit Ohrnummer benannt und manchmal stand eine Flasche Bier dabei, die ich immer leer zurück ließ. Ein paar Mal entdeckte ich zufällig, dass außer der zur Besamung angemeldeten Kuh noch eine andere Kuh brünstig war, was der Bauer offenbar nicht bemerkt hatte. Ungefragt habe ich dann die betreffende Kuh zusätzlich mit besamt, ohne es zu vermerken. Daraus folgte ein paar Mal, dass ich bei späteren Besuchen gebeten wurde, die Kuh zu untersuchen, weil sie nach der letzten Kalbung über einen längeren Zeitraum brunstlos geblieben sei. Die dann festgestellte Trächtigkeit ist zwar ein erfreulicher Befund für den Bauer, gab aber Rätsel auf. Manchmal wurde ein kleiner Bulle verdächtigt oder es wurde gemutmaßt, dass eine Besamung falsch aufgeschrieben worden sein. Ich gab in keinem Falle mein Geheimnis preis. Denn der Bauer hatte dadurch keinerlei Schaden. Er brauchte für dieses Tier keine Besamungsgebühr zu zahlen und die fortgeschrittene Trächtigkeit bedeutet einen zeitlichen Gewinn für die Geburt des Kalbes mit dem Einsatz der Milchproduktion (Beginn der frischmelkenden Laktationsperiode).

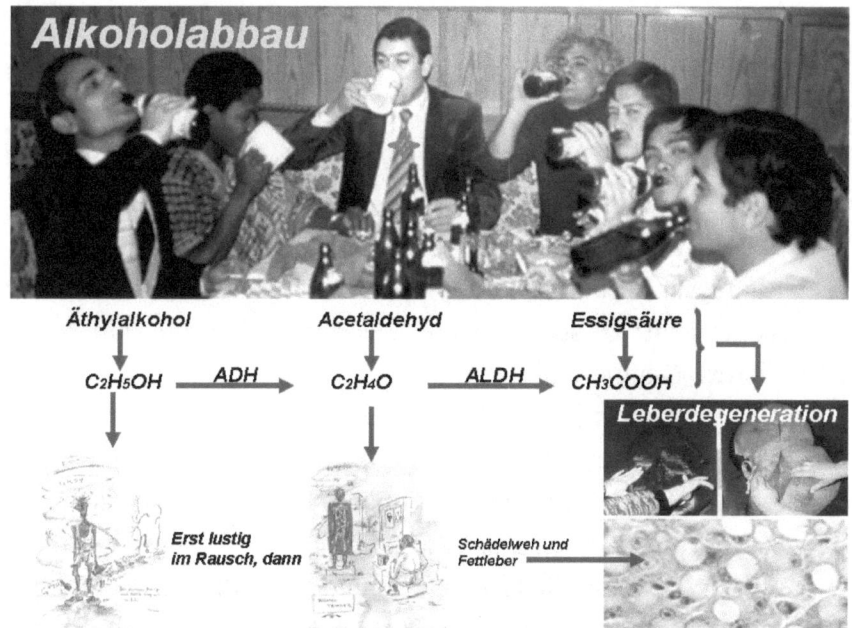

Trink ich Bier, so werd ich faul; trink ich Wasser, so häng ich's Maul; trink ich Wein, so werd ich voll; weiß nicht, was ich trinken soll.

11. Kapitel: Wieder in der alten Heimat, wieder in Körner

Als ich 1953 mit 15 Jahren Körner verlassen musste, weil unsere Familie des Kreises verwiesen war, ahnte ich noch nicht, dass ich danach unseren Bauernhof, die Münze, noch ein paar Mal als Unbefugter besuchen sollte, bis ich endlich kapierte, dass ich dort nichts mehr zu suchen hatte. Denn getrieben von einer unerklärlichen Neugier, bin ich trotz Verbotes in unserem zuerst noch unbewohntem Haus, den Stallungen und der Scheune herumgeschlichen, genoss die mir vertraute Umgebung und hatte ein eigenartiges Gefühl von Daheimsein und Angst, erwischt zu werden. Gerne hätte ich das eine oder andere Erinnerungsstück mitgenommen, denn alles Inventar und den größten Teil der Einrichtung im Haus hatten wir zurück gelassen; ich traute mich aber nicht, irgendetwas mitgehen zu lassen. Denn am Hofeingang war ein großes Schild mit der Aufschrift: „Das Betreten des Gehöftes (oder so ähnlich) ist für Unbefugte polizeilich verboten, der Bürgermeister". Unbefugt war ich wohl mehr als andere, was mir Kurti, ein ortsansässiger junger Mann, der manchmal einen über den Durst trank, an einem Sonntagnachmittag beibrachte. Er hatte erfahren, dass ich mich dort herumdrückte und durch einen Spalt in den verschlossenen Treckerschuppen gekrochen war, wo unser LANZ Bulldog stand. Angetrunken und aggressiv stellte er mich zur Rede und prügelte plötzlich auf mich ein. Er war ein paar Jahre älter als ich und mir damals körperlich überlegen, so dass ich mich kaum dagegen wehren konnte. Die Heldentat dieses selbsternannten Ordnungswächters habe ich als arge Kränkung in Erinnerung behalten und wünschte mir ihn irgendwann wieder zu treffen. Nach der Wiedervereinigung plante ich deshalb, ihn bei einem meiner ersten Besuche in Körner aufzusuchen, um mich mit ihm darüber zu unterhalten. Ich erkundigte mich und erfuhr, dass er nach wie vor noch im Orte wohnte, aber körperlich sehr abgebaut habe und in kläglicher Verfassung sei. Unschlüssig ihn zu besuchen, ließ ich erst einmal von meinem Vorhaben ab. Bei einem späteren Besuch in Körner hörte ich, dass er inzwischen verstorben war und so mein Wunsch, ihn noch einmal zu treffen, unerfüllt bleibt.

In sehr dankbarer Erinnerung habe ich dagegen jedoch einen älteren Mann, der sich als Nachtwächter des damals Örtlichen Landwirtschaftsbetriebes (Vorläufer der Landwirtschaftlichen Produktionsgenossenschaft [LPG]) in unserer ehemaligen Küche eingerichtet hatte und mich dorthin mitnahm, als ich mich wieder einmal in der Münzgasse vor dem Tor des Hofes aufhielt. Es war längst nach Feierabend und begann dunkel zu werden, als ich mit seiner Erlaubnis alles noch einmal inspizieren durfte und dazu noch eine Unterhaltung mit ihm hatte, bevor ich mit gemischten Gefühlen wieder von dannen zog. Sicherlich war der Nachtwächter ein alter Körnerscher, der mit mir fühlte und seine Pflichten verletzte, denn die Münze war der Wirtschaftshof des Betriebes mit Schleppern und Maschinen in den Gebäuden und mit dem Stall voll Kühe. So hätte sich jeder, der sich wie ich dort herumtrieb, bei dem Misstrauen, das damals in der DDR vorherrschte, leicht der Sabotage verdächtig gemacht. Dieser Besuch muss auch mein letzter in der Münze gewesen sein, bevor ich sie über 30 Jahre später nach dem Mauerfall Ende 1989 wiedersah. Die „Errungenschaften" des Sozialismus und die Umgestaltung der Landwirtschaft hatten unseren Bauernhof mit allem, was dazu gehörte, schwer mitgenommen. Alle Ställe, das Wohnhaus, der Treckerschuppen mit dem Getreidespeicher darüber waren abgerissen, nur unser großes Ungetüm von Scheune hatte den Arbeiter- und Bauernstaat als Ruine überstanden. Quer durch die ehemalige Hofstelle und den Garten war eine befestigte Straße gebaut worden und vor der Scheune breitete sich ein großer Müllhaufen aus.

Bei allem, was wir in der Münze 1953 hinter uns lassen mussten, schmerzt mich jedoch am allermeisten, dass der mit behauenen Natursteinen gebaute Pferde- und Kuhstall zu DDR-Zeiten abgerissen wurde. Denn als leidenschaftlichem Steinfetischist, der über die Jahre an Steinen gesammelt und heim an den Niederrhein nach Till-Moyland geschleppt hat, was er tragen konnte, tut es mir um die schönen großen Tuffsteine leid, mit denen die dicken Stallmauern gebaut waren und die sich restlos verkrümelt hatten. Nur einmal erfuhr ich etwas dazu, als ich bei einem Gespräch mit Nachbarn meinte, dass die solide gebauten Ställe in der Münze wohl ohne zwingenden Grund dem Erdboden gleich gemacht worden seien. Darauf sagte einer der Männer zu mir: „Ich habe Natursteine aus der Münze geholt und bei mir verbaut, die willst du doch nicht wieder haben". Soviel Offenheit anerkennend, habe ich ihm natürlich gleich versichert, dass die Sache erledigt sei. Ganz anders wäre es jedoch, wenn ich wüsste, dass unser alter LANZ Bulldog noch irgendwo existierte.

Bei allen Fortschritten, die der Sozialismus in der DDR so oder so hervorgebracht hat, war es vermutlich mehr zu meinem Vor- denn zu meinem Nachteil, dass ich mit der Familie zwangsweise von Körner expediert wurde. Denn aus eigenem Antrieb wäre ich wahrscheinlich nie weggegangen. Zu sehr habe ich mich von Kindesbeinen an mit der Münze, ihrer wechselvollen Geschichte und meinen Vorfahren identifiziert, als dass ich freiwillig irgendwo anders heimisch werden wollte. Vermutlich hätte ich, wie viele andere den Zwängen gehorchend, als braver „Feldsoldat" meine Pflicht in einer Brigade der Körnerschen LPG „Rotes Banner" erfüllt und kein so umtriebiges Leben geführt, wie ich das mehr nolens als volens gelebt habe. Bei meiner wohl irrational bedingten Verbundenheit mit Körner oder Liebe zu Körner kam mir ein eigenartiger Zufall zustatten, der zur Folge hatte, dass ich danach eine permanente Verbindung dorthin haben sollte. In meiner Arnstädter Zeit traf ich auf Margot I., eine Klassenkameradin aus gemeinsamer Grundschulzeit. Wir waren gemeinsam eingeschult worden und nach der fünften Klasse trennten sich unsere Wege, weil ich wegen Sitzenbleibens die fünfte Klasse wiederholen musste, während sie auf eine weiterführende Schule ging. Nach unserem Wiedersehen in Arnstadt und nachdem ich von dort wieder abgewandert war, erhielt ich nette Briefe von ihr. Sie berichtete weniger von sich als vielmehr von Körner, um, wie sie betonte, meine Erinnerungen an die alte Heimat wach zu halten. Ich habe ihr mehr aus Dankbarkeit als aus eigenem Antrieb immer wieder einmal geantwortet. Denn als unsicherer Kantonist im Schriftdeutsch hatte ich Sorge, dass Margot, die supergute Schülerin mit Einsen im Diktat, über fehlende oder falsch gesetzte Kommas in Briefen wie über meinen Umgang mit dem Dehnungs-h und allem, was ich sonst noch in der deutschen Grammatik immer neu kreierte, ihre Stirn runzelten würde. Oft genug hatte sie mir geschrieben, ohne dass ich ihr wegen meiner grammatikalischen Unsicherheiten jedes Mal geantwortet hatte. Deshalb passte es in den späteren Jahren manchmal gut, dass ich ihr von einer Dienstreise aus Südafrika oder aus dem Orient einen kurzgefassten Kartengruß mit einem Dankeschön für ihre Briefe schreiben konnte, womit ich meinte, wieder mit ihr quitt zu sein. Auszugsweise fand ich staunend die für Landesverrat oder Ähnliches ganz und gar bedeutungslose Korrespondenz in meiner Stasi-Akte wieder, was Margot kaum glauben mochte. Seit der Wiedervereinigung Deutschlands schreiben wir uns nur noch zu Weihnachten und zum Geburtstag, sehen uns jedoch bei jedem meiner Besuche in Körner.

Wohl neugierig auf unser Heimatdorf besuchte mich mein Bruder Martin 1989, der in Südwales in Großbritannien lebt, am Niederrhein und wir reisten, da die Grenze zur DDR offen war, gemeinsam nach Körner. Hatte mich der Anblick der neu gestalteten Münze als Schuttabladeplatz schon bei einem vorausgegangenen Besuch mit meiner Frau sehr erschreckt, so schien mein Bruder genauso tief entsetzt wie ich vorher. Seine zuversichtliche Begeisterung über die sich damals abzeichnende Wiedervereinigung Deutschlands und für Körner vor seinem ersten Besuch unseres Heimatdorfes verflüchtigte sich immer mehr, und nach einem weiteren Besuch dort im Jahre 2002 hat er bis jetzt auf jede weitere Einladung nach hier an den Niederrhein und nach Körner verzichtet. Beide wussten wir zunächst nicht, wie wir mit der neuen Gegebenheit umgehen sollten, denn plötzlich war uns das, was vom elterlichen Hof noch übrig geblieben war, wieder zugefallen. Bei aller Enttäuschung darüber, dass in der Münze alles zu Schanden gegangen war, was einmal existierte, kamen administrative Aufgaben auf uns zu, denen wir uns nicht entziehen konnten. Neben den kommunalen Behörden meldeten sich auch die Raiffeisenbank und das Finanzamt Mühlhausen, aber nicht, weil wir Geld von dort zu erwarten hatten. In Körner, das sich langsam herausputzte, wurde ich auf den Schandfleck des Dorfes und die baufällige Scheune angesprochen und dass die öffentliche Sicherheit in und um die Münze gefährdet sei. Denn alles war frei zugänglich und von der Scheune fielen Dachziegeln und Mauersteine in die angrenzenden Gärten. Der Schutt musste weg und die Scheune vor ihrem Abriss leer geräumt und entrümpelt werden. Unser Seelenfrieden war dahin und wir wünschten uns die Mauer zurück; denn nach der Wiedervereinigung waren wir gegen alle Erwartungen plötzlich als Schuldner der imaginären Vereinigung von „Zahlemann und Söhne" zugeordnet und staunten über großzügigen Additionen in Rechnungen und andere unvermutete Zahlungsverpflichtungen.

Martins Interesse an Körner erlosch schließlich ganz und gar, während mich unser „Drecknest", wie wir (die Körnerschen) es früher einmal liebevoll und ein andermal verächtlich gerne nannten, immer mehr in seinen Bann. Wohl gegen alle Vernunft, wie mir von meiner Frau und anderen immer wieder bescheinigt wurde, zog es mich immer wieder dorthin. Zu gerne durchwandere ich die körnerschen Fluren, lausche dem Gesang der Lerchen und wünschte mir in der Münze wieder irgendwie heimisch zu werden. Nach langem Hin und Her konnte ich schließlich auch meine Frau, die als Kind ein paar Jahre in der Münze gewohnt hat, davon überzeugen, dass wir uns wenigstens auf Probe dort einmal ansiedeln sollten. Zum Ausprobieren haben wir uns deshalb eine Wohncontaineranlage in die Münze stellen lassen und machten von Till-Moyland aus Touren nach Körner, wie andere zu ihrem Urlaubs- oder Wochenendhäuschen ans Meer. In Goldgräberstimmung habe ich begonnen, mit Pickaxt und Spaten nach dem ersten unserer drei Brunnen, die alle zugeschüttet waren, im Gelände zu suchen. Den Hausbrunnen habe ich gefunden, aufgegraben und mit einer Tauchpumpe bewässern wir die, inzwischen von Ingrids gepflanzten, Blumen und Büsche in der Münze.

Zuerst die Aufstellung der Container zur Probe, dann der Anbau und die Umsiedlung in die alte Heimat nach Körner

Besonders auf mein Betreiben haben wir schließlich unser Anwesen am Niederrhein in Till-Moyland verkauft und sind im November 2014 nach Körner umgesiedelt. Der Wohncontainer ist mit einem Anbau erweitert, einer Fachwerkumhüllung ansehnlicher und so zu userm neuen Zuhause in Körner geworden. Draußen reißt die Arbeit nicht ab, denn der verschüttete Keller soll wieder hergestellt, die Münze kultiviert und mit Büschen, Bäumen und Blumen bepflanzt werden. Bis jetzt erfolglos haben wir nach der Chronik der Münze gesucht, die mein Opa Artur so vor hundert Jahren dort vergraben hat.

Der zu DDR-Zeiten demolierte und zugeschüttete Keller wird restauriert

Anhang A

Bericht für die Entwicklungshilfeorganisation xxxx über die Zusammenarbeit in der Biotechnik[14] mit chinesischen Tierzuchtorganisationen in der Provinz xxxx

Von: Dr. Albert Görlach
Fachtierarzt für Zuchthygiene und Besamung
Sommerlandstraße 54
D-47551 Bedburg-Hau

1 Einleitung

Im Auftrag der xxxxxx ist der Unterzeichner (UZ) am xx.xx.xxxx nach China gereist und hat zuerst bei xxxxxx, in xxxxx, xxxx Embryotransfer (ET) gemacht (theoretische Erläuterungen, klinische Demonstration) und dann bei xxxxxx, in xxxxx, die Künstliche Besamung (KB) in einer Besamungsstation von der Samenentnahme bis zur Qualitätskontrolle nach der Spermatiefgefrierkonservierung zusammen mit den chinesischen Fachleuten kritisch bewertet. Zusätzlich wurden bei beiden Organisationen noch Fachvorträge vor Tierzuchtleuten, Tierärzten, Besamungstechnikern, Funktionären und Studenten gehalten. Da dies der dritte Einsatz des UZ in China war, konnte die Gattin des UZ kostenlos mitreisen. Die Heimreise erfolgte über Peking nach Frankfurt, mit Rückankunft in Till-Moyland (Bedburg-Hau) am xx.xx.xxxx.

---

[14] Unter dem Begriff Biotechnik subsumiert sich: Künstliche Besamung (KB), ET, alle dem ET assoziierten Biotechniken, Tiefgefrierkonservierung von Embryonen, Mikromanipulation an Embryonen (Teilung von Embryonen, Probenentnahme), Embryonalklonen, Chimärenproduktion, Genomanalyse, Gentransfer und weitere reproduktive Biotechniken, wie Stammzellklonierung, Genanreicherung, usw.

Die im Vorfeld des Besuches nötige Vorbereitung des ET-Programms (Superovulation, Synchronisation und Terminierung der KB der Spendertiere mit Synchronisation der Empfängertiere) und die Terminierung der einzelnen biotechnischen Maßnahmen während des Einsatzes sind nach Übereinkunft mit allen Beteiligten von den Chinesen präzise nach Plan eingehalten und erledigt worden. Für die klinische Demonstration zum ET hat der UZ sein eigenes Instrumentarium[15] mitgenommen, weil es einerseits nicht abzuschätzen war, ob eine komplette ET-Ausrüstung vor Ort verfügbar ist und andererseits, weil mit fremdem Instrumentarium (Instrumente anderer/fremder Hersteller) bei der Embryogewinnung wie bei der Übertragung der Embryonen unerwartete Erschwernisse auftreten können.

2 Bericht

Nach einem angenehmen Flug Frankfurt/Peking in der Businessklasse und kurzem Aufenthalt in Peking ging es am nächsten Tag (Montag, xx.xx.xxxx) mit dem Flugzeug weiter nach xxxx in die Provinz xxxx und von dort mit dem Auto nach xxxxxx. Zuerst wurde das ET-Projekt bei xxxxxxx, in xxxx und dann das Besamungsprojekt bei der Firma xxxxx, in xxxxxx abgewickelt.

2.1 Embryotransfer

Die Auftragsanforderung bei xxxxxx, in xxxx, xxxx lautete: „Die Technik des Embryotransfers zu verbessern, um die Über-

---

[15] Mikroskop, Embryospülkatheter, Implantationskanülen, Embryofilter, Pailletten, Unopeten, Medien (Spülmedium, Embryokultivierungs- und -konservierungsmedien).

lebensrate aus Nachzuchten von Milchkühen zu erhöhen, die Milchqualität zu verbessern und die Milchproduktion zu steigern." Mit Erhöhung der Überlebensrate aus Nachzuchten von Milchkühen ist hier die Verbesserung des Transfererfolges (Überlebensrate von Embryonen) gemeint, und nicht das Überleben der Nachzuchten von Milchkühen, denn das sind Kälber. Vor Ort war dann auch nicht die Verbesserung der Kälberaufzucht (versus Kälbersterblichkeit) aktuell, sondern die Verbesserung der ET-Techniken zur Steigerung des Transfererfolges, um damit tierzüchterische Ziele zur Steigerung der Milchleistung (Quantität und Qualität) vermittels ET zu erzielen. Dafür ist der ET zweifelsfrei auch die effektivste Strategie, jedoch nur, wenn die Embryonen aus einer leistungsstarken Nukleusherde bei gezielter Anpaarung mit erbwertgeprüften Spitzenvererbern der internationalen Besamungszucht erfolgt.

Kurz nach Ankunft in xxxx (nachmittags) war eine Zusammenkunft anberaumt, zu der etwa 50 oder mehr Zuhörer erschienen waren und wo ein einführender Diavortrag zum ET mit ausgiebiger Diskussion abgehalten wurde. Der Vortrag wurde in Englisch gehalten und ins Chinesische übersetzt. Danach großer Empfang durch den Bürgermeister von xxxx mit Gefolge, Fernseh- und Zeitungsinterviews und ausgiebigem Essen mit noch mehr Trinken.

In den nächsten drei Tagen wurden zuerst an verschiedenen Orten mit vielen Zuschauern die Spender- und Empfängertiere, die für den ET vorbereitet worden waren, untersucht (siehe Abb. 1 bis 4). Dann sind insgesamt fünf superovulierte Spender gespült (Abb. 5 und 6) und an die 40 Embryonen (fünf frisch gewonnene und tiefgefrierkonservierte/aufgetaute Embryonen) übertragen worden. Die Embryoausbeute der frisch gewonnenen Em-

174

bryonen war insofern katastrophal, als nur eine Kuh neben vier total degenerierten Embryonen/Eizellen noch fünf partiell degenerierte (schwach lebensfähige) Embryonen produziert hatte, während die anderen drei Spendertiere (eine Kuh und zwei Rinder) keine oder nur total degenerierte Embryonen/Eizellen hervor brachten, was sich bei der mikroskopischen Embryoisolierung und Beurteilung zeigte (Abb. 7 und 8). Das sechste vorbereitete Spendertier hatte nicht auf die superovulatorische Hormonbehandlung reagiert und ist deshalb der Embryoausspülung auch gar nicht erst unterzogen worden. Die Empfängertiere waren ebenfalls nicht in einem Zustand, in dem gute Transfer- oder Trächtigkeitsergebnisse zu erwarten sind, was schon am stumpfen, nicht glänzendem Haarkleid der zum Teil hageren Tiere mit saugenden Kälbern rein äußerlich zu erkennen war (Abb. 3 und 4). Die gynäkologischen Untersuchungsbefunde der Tieren waren dennoch zu einem großen Teil unverdächtig (Uterus, Ovarien, Funktionskörper an den Ovarien), und so wurden die als am besten geeignet erscheinenden Empfängertiere mit den frisch gewonnenen und den aufgetauten TG-Embryonen belegt.

Die TG-Embryonen waren aus chinesischer Produktion mit Äthylenglykol als Gefrierschutzmittel gefrierkonserviert und sind nach den Regeln der betreffenden Methode[16] ohne weitere

---

[16] Die Tiefgefrierkonservierung boviner Embryonen kann mit verschiedenen Gefrierschutzmitteln (DMSO [Dimethylsulfoxid], Glyzerin, Äthylenglykol, usw.) gemacht werden; je nach Einfriermethode müssen die Auftau- und Übertragungsmodi entsprechend angepasst werden. Äthylenglykol als Kryoprotektor, wie oben verwendet, beinhaltet neben anderem, dass die TG-Embryonen nach dem Auftauen direkt und möglichst ohne Zeitverlust übertragen werden. Denn dieses Gefrierschutzmittel hat allen anderen gegenüber große Vorteile (einfaches und zeitsparendes Verfahren), ist aber toxisch für Embryonen, so dass diese möglichst schnell in das Uterusmilieu gelangen müssen, wo die toxisch wirkenden Substanzen vom Endometrium des Empfängertieres resorbiert werden. Dieser Transfermodus ist weltweit als Direkttransfer (DT) be-

mikroskopische Kontrolle auf ihre morphologische Struktur (Lebensfähigkeit) direkt übertragen worden. Weder Einfrierprotokolle, noch Auftauanleitungen oder Aufzeichnungen zur morphologischen Beschaffenheit der gefrierkonservierten Embryonen waren vorhanden.

Über bereits abgewickelte, selbst gestaltete ET-Programme wie über den Transfer tiefgefrierkonservierter/aufgetauter Embryonen, war nichts Näheres zu erfahren, jedoch einer der helfenden Assistenten war ein erfahrener Mann, der auch sehr routiniert zu Werke ging, die gynäkologische Untersuchung der Spender und Empfängertiere wie auch die Manipulationen zum Transfer beherrschte, deshalb mit voruntersuchte und auch selbstständig Embryonen übertragen hat. Ihm wie allen anderen am ET Beteiligten wurden alle möglichen technischen Hinweise und theoretischen Erläuterungen zur Durchführung von ET-Programmen, von der Vorbereitung bis hin zur Nachbetreuung der Spender und Empfängertiere, gegeben. So konnte in den Diskussionen neben vielen fachlichen Details verständlich gemacht werden, dass sich nur vitale, in guter Kondition befindende Tiere für den ET eignen, weil bei Individuen im Stress die Sterilität als Selbstschutz dominiert, denn das Überleben hat Vorrang vor der Fortpflanzung.

Als Empfehlung für das chinesische ET-Team bleibt schließlich, was schon am Rande diskutiert war und in der Abschlussbesprechung erneut hervorgehoben worden ist, nämlich dass:

1. neben der tierzüchterischen Vorselektion der Tiere besonders

---

zeichnet und Usus, hat jedoch den großen Nachteil, dass die Übertragung der tiefgefrierkonservierten Embryonen nach dem Auftauen keiner mikroskopischen Kontrolle unterzogen werden. So müssen Embryonen, die man nicht selber gefrierkonserviert hat, beim DT im Vertrauen auf ihre morphologische und vitale Integrität „blind" übertragen werden, was dem sprichwörtlichen Vergleich mit dem Kauf der Katze im Sack vergleichbar ist.

auf die biotechnische Eignung für den ET zu selektieren ist (Konstitution, gesundheitlicher Status, Zuchttauglichkeit), dass

2. die ET-Programme arbeitsteilig organisiert werden sollten, so dass die Tätigkeit an den Tieren personell von der Laborarbeit getrennt und beides für sich in Eigenverantwortlichkeit wahrgenommen wird, und dass schließlich

3. Vorbereitung wie Durchführung der ET-Programme kontinuierlich erfolgen sollte und dadurch die ET-Arbeit zur Routinetätigkeit werden kann. Denn unregelmäßige, sporadisch durchgeführte ET-Programme gehen mit großem Aufwand einher, kommen aber aus dem unsicheren Experimentierstadium nicht in das Stadium der Routinetätigkeit und enden meist als mehr oder minder erfolglose Einzelaktionen.

Trotz des schlechten Embryospülergebnisses und der zu erwartenden mäßigen Transfereergebnisse war die Kommunikation und die Stimmung bei allen beteiligten recht gut, und so wurden am letzten Einsatztag (siehe zeitlicher Ablauf im Anhang des Berichtes) noch die letzten TG-Embryonen aufgetaut und übertragen, bevor es dann zu einem kurzen Abstecher nach Qufu, der Stadt des Konfuzius, ging. Die Fahrt mit einem Kleinbus nach xxxx am nächsten Morgen durch mehrere Städte und Marktflecken mit kurzen Stopps war ebenfalls hoch interessant wie der Besuch in Qufu am Tag zuvor.

2.2 Künstliche Besamung

Die Auftragsanforderungen der Firma xxxxxx, in xxxxx lautete kurz und bündig: den Mitarbeitern Kenntnis und technisches Know-how bei der Spermagewinnung sowie bei der künstlichen Befruchtung zu vermitteln, um das Unternehmen auf internationalen Standard zu bringen.

Nach der Ankunft in xxxx am frühen Nachmittag (Samstag, xx.xx.xxxx) wurde zuerst eine allgemeine Besichtigung des in verschiedene Sektionen unterteilten Großbetriebes gemacht und dann bei einem gemeinsamen Abendessen die Verabredungen für den nächsten Tag getroffen. Die Besamungsstation mit ihrer sehr aufwändig gestalteten Einzelboxenhaltung für Bullen und individuellem Auslauf am Stall für jeden Bullen zeigte sich mustergültig und an europäischen Maßstäben gemessen luxuriös wie überdimensioniert (Abb.11). Das Labor und die Laborausrüstung unterscheidet sich nicht von der einer deutschen oder anderen nach EU-Standard eingerichteten Besamungsstation in Europa (Abb.13 und 14). Auch die ET-Einrichtung (ET-Station) imponierte mit einer kompletten Ausrüstung für den ambulanten wie auch für den stationären ET und einem vom Feinsten ausgerüstetem Klonierungslabor mit Stereomikroskop, Mikromanipulator, Mikroschmiede, Inkubator, Laminarflow, etc. Der Rindersektor mit Jungvieh und Milchviehherde (HF-Kühe und andere Rassen) in großen Laufhöfen deutete ebenfalls auf ein modernes Management mit ordentlicher Betriebsführung und Tierhaltung hin (Abb. 15 und 16).

Der Einsatz des UZ wurde im beiderseitigem Einvernehmen in den nächsten zwei Tagen mit wechselnden Aufgaben und Themenschwerpunkten wie folgt gestaltet: Vormittags Inspektion und Bewertung der technischen Arbeitsabläufe in der Besamungsstation (Abb. 13) und nachmittags Vorträge mit ausgiebigen Diskussionen (Abb. 9 und 10). In der Besamungsstation wurde somit von der Spermagewinnung über die Verarbeitung des Spermas (Evaluierung, Verdünnung, Konfektionierung, Äquilibrierung, Tiefgefrierkonservierung und Lagerung) bis hin zur abschließenden Bewertung die einzelnen Teilbereiche kritisch begutachtet. Nach der Tiefgefrierkonservierung ist das Sperma dann wieder stichprobenartig aufgetaut und erneut mikroskopisch auf den prozentualen Anteil progressiv motiler –, ortsbeweglicher –, pathologisch veränderter – und unbeweglicher Spermien untersucht worden. Die Spermaverarbeitung mit einer aus Frankreich stammenden Laborausrüstung der Firma IMV entspricht heute aktuellen Normen und erfüllt, was die Verarbeitungstechnik betrifft, international geltende Ansprüche.

In den Vorträgen wurde den vorgegebenen Forderungen und Fachbereichen entsprechend der gesamte technische Themenkomplex „Künstliche Besamung" behandelt, und auf Anfragen des tierärztlichen Leiters der Besamungsstation und anderer Entscheidungsträger nach Spermaexport, wurde dazu noch der Bereich internationaler Spermahandel mit Hygieneanforderungen und „Exportlizensierte Besamungsstation" zusätzlich besprochen. Denn in xxxx will man die Bedingungen erfüllen, die an eine exportlizensierte Besamungsstation für den internationalen Spermahandel gestellt werden. Unter den gegebenen Bedingungen ist das jedoch dort nicht möglich, weil die Nähe der anderen Rinderherden die Quarantänebedingungen für Sperma exportierende Besamungsstationen aus seuchenhygienischen Gründen ausschließt. Näheres dazu findet sich in der EU-Spermarichtlinie 407, worauf verwiesen und was ausführlich erläutert wurde (incl. Internetrecherche vor Ort).

Da der Arbeitstag in xxxx erst um 18 Uhr oder noch später endete und deshalb genügend Zeit war, wurde nach weiteren Themen gefragt, die zusätzlich noch vorgetragen werden sollten. Mithin sind dann außer KB noch die Themenkomplexe: Sozialverhalten der Spezies Rind unter besonderer Betrachtung des Aggressionsverhaltens von Bullen, Fruchtbarkeitsstörungen beim Rind im Zusammenhang mit der KB und schließlich der ET besprochen worden. Auf besonderes Interesse stieß unter anderem das Sozialverhalten der Rinder, offenbar deshalb, weil Tierpfleger der Besamungsstation von Bullen attackiert zu Schaden gekommen waren, was jedoch nur im privaten Gespräch am Rande erfahren wurde. Zu allen Themen hatte der UZ Dias und Folien parat.

3 Vorträge

Die Vorträge wurden jeweils seminarartig in englischer Sprache gehalten und in xxxx wie in xxxxx von kompetenten Dolmetschern (beides Hochschullehrer aus dem Fachbereich der Reproduktionsbiologie) problemlos ins Chinesische übersetzt. Mit Dias und mit in PowerPoint erstellten Folien wurde versucht, die zum Teil sehr komplexen Zusammenhänge der Reproduktionsbiologie verständlich zu machen. Nach Teilbereichen und chronologischer Abfolge wurden die einzelnen Vorträge wie folgt untergliedert:

Embryotransfer
allgemeine Einleitung und Vorbemerkungen zum ET
wirtschaftlicher Hintergrund (Zuchtfortschritt)
derzeitiger technischen Stand des ET
Planung von ET-Zuchtprogrammen
Biotechnische Durchführung von ET-Programmen
Tiefgefrierkonservierung von Embryonen
Mikromanipulation an Embryonen
weitere dem ET assoziierte Biotechniken und summarische Einschätzung der Biotechniken mit Ausblick

Künstliche Besamung
allgemeine Einleitung und technischer Stand
Besamungszuchtprogramme(Zuchtwertschätzung,   Zuchtwert-
ermittlung,einsatz erbwertgeprüfter Besamungsbullen)
Spermagewinnung und Aufbereitung
Verdünnung, Konservierung, Lagerung, Distribution
tierzüchterische Bedeutung der KB
internationaler Spermaaustausch (Handel)
Gesetze,Verordnungen,Lizenzen,den-internationalen   Sperma-
austausches/Handels betreffend

Fruchtbarkeitsstörungen bei Rindern
genetisch bedingte Fruchtbarkeitsstörungen
erworbene Fruchtbarkeitsstörungen
umweltbedingte und infektiösbedingte Aborte
Gynäkologie und Sterilitätstherapie
Zyklusinduktion, Synchronisation, terminierte Besamung

Sozialverhalten der Spezies Rind
soziale Struktur in Rinderherden
individuelle Merkmale des sozialen Status von Einzeltieren
Verhalten männlicher Individuen im Herdenverband
Aggressionsverhalten erwachsener Bullen
Hinweise zur Haltung und zum Hantieren von Bullen auf Besamungsstationen

4 Zusammenfassung

Rückblickend kann festgestellt werden, dass der erneute Einsatz
in China für den UZ sehr interessant wie auch angenehm und für
die Auftragnehmer in xxxx und xxxx sicherlich von Nutzen war.

Bedauerlich bleibt nur, dass die Einsatzbedingungen vor Ort nicht immer mit den Erwartungen der Auftragnehmer in Einklang zu bringen sind. So auch bei dem ET-Projekt in xxxx, wo für den ET untaugliche Spendertiere vorbereitet wurden und für den Transfer von TG-Embryonen Trächtigkeitsergebnisse erwartet werden, die unter den gegebenen Bedingungen sicherlich nicht erreicht worden sind. Derartige Diskrepanzen zwischen Zielvorgabe und erreichtem Resultat kommen dadurch zu Stande, dass einerseits mehr über erfolgreiche als über misslungene ET-Programme berichtet und publiziert wird, die zum Maßstab gemacht werden und dass andererseits die biotechnische Eignung der Spender- und Empfängertiere oft aus Unkenntnis vernachlässigt wird. Dazu liegen der Erfolg und der Misserfolg beim ET ohnehin sehr eng beieinander. Das alles ist den Beteiligten in xxxx, mit dem Hinweis kontinuierlich weiterzumachen, erklärt worden, und es wäre hilfreich, wenn das schon ins Chinesische übersetzte „Kochbuch" zum Embryotransfer[17] gedruckt werden würde, worin das alles ausführlich beschrieben ist. Vielleicht kann von Seiten des xxxx zur Drucklegung bei der Druckerei in Jinan[18] ein Anstoß gegeben werden.

In xxxx hat sich der UZ zuerst gefragt, was sein Einsatz eigentlich bewirken soll, denn bei dem Großbetrieb mit einer modern ausgerüsteten und „up to date" organisierten Besamungsstation fällt es nicht leicht, Verbesserungen zu bewirken, bis sich dann zeigte, dass es den Verantwortlichen dahingehend um Verbesserungen geht, als sie am internationalen Spermahandel teilhaben wollen, wofür sie aber keine Zulassung haben bzw. nicht lizenziert sind. Tragischerweise besteht für die Besamungsstation in

---

[17] GÖRLACH, A. (1997): Embryotransfer beim Rind
[18] International Cooperation Dept.; Shandong Science & Technology Press

xxxx keine Hoffnung auf eine entsprechende Zulassung, weil die Station im selben Betrieb mit anderen Klauentieren angesiedelt ist, aber völlig getrennt und isoliert davon lokalisiert sein müsste. Die gesamte Besamungsstation mit ihren 80 bis 100 Bullen, Labor und Personal müsste anderen Ortes unter Isolationsbedingungen wie eine Quarantänestation errichtet werden, bevor weitere Hygienemaßnahmen (Blutuntersuchung aller Bullen auf verschiedene Tierkrankheiten) ergriffen werden und die Zulassung für den Spermaexport erwogen werden kann. Dabei sind zwar die Anforderungen für den Import tierischer Produkte nach Kontinenten und Ländern unterschiedlich geregelt, der Hygienestatus des Exportlandes kann aber unter Umständen noch ein zusätzlich limitierender Faktor sein, wenn der Seuchenstatus nicht den Anforderungen des Importlandes/ Kontinentes[19] entspricht.

Unabhängig davon, dass es zur Zeit aussichtslos erscheint, zwischen China und Deutschland Geschäfte auf dem Besamungs- und ET-Sektor machen zu können, wird der UZ den Kontakt zwischen xxxx und der mittelfränkischen Besamungsstationen in xxxxxx und dem Zuchtverband in xxxx herstellen, weil in xxxx Gelbviehbullen auf der Besamungsstation stehen und Franken das Ursprungsland des „Gelben Frankenviehs" ist. Da-

---

[19] Der Weg des Gelben Frankenviehs von Nordbayern nach China ist mit großer zeitlicher Verzögerung auf dem Umweg über Kanada erfolgt. Mitte der siebziger Jahre des vergangenem Jahrhunderts hat sich das Gelbvieh, verursacht durch den damaligen weltweiten „beef-boom" in Kanada, USA, Südafrika und Australien, via Tier- und TG-Spermaexport etabliert. Von Kanada sind diese Gene dann in Form von TG-Embryonen vor knapp zehn Jahren als Geschenk der Kanadier nach China gelangt und beginnen sich auf grund ihrer züchterischen Qualitäten (Milch, Fleisch, Tauglichkeit für Feldarbeit) dort mehr und mehr zu etablieren. Bis zur Modernisierung der Landwirtschaft durch Zugmaschinen usw. ist das Gelbe Frankenvieh nämlich auch als Zugtier in ganz Deutschland genutzt worden.

zu sind die Chinesen in xxxx auch an solchen Kontakten interessiert, weil dort ein Kreuzungsprogramm zwischen der chinesischen Gelbviehrasse „Luxi" und dem Gelben Frankenvieh angelaufen ist.

Till Moyland, den 03.08.2004

(Dr. A. Görlach)

Abbildungen

Abb. 1: Am ET beteiligte Tierzuchtleute, Techniker und Funktionäre

Abb. 2: Am ET interessierte Zuschauer

Abb. 3 und 4: Für den ET zyklussynchronisierte Empfänger-tiere und Transfer im Hintergrund

Abb. 5 und 6: Ausspülung der Embryonen aus der Gebärmutter der superovulierten Spendertiere

Abb. 7: Mikroskopische Suche, Isolierung und Beurteilung der gewonnenen Embryonen

Abb. 8: a) Unbefruchtete Eizelle; b) geschädigter, in Pyknose befindlicher Embryo; c) normal entwickelter Embryo

Abb. 9 und 10: Zuhörer und Diskutanten bei den Fachvorträgen in xxxx

Abb. 11: Gelbviehbullen in ihren separaten Ausläufen

Abb. 12: Vorbereitung der Bullen für die Spermagewinnung in der Besamungsstation

Abb. 13 und 14: Labor der Besamungsstation

Abb. 15: HF-Milchvieherde im Laufhof vor ihren Stallungen

Abb. 16: Jungvieh (Fleckvieh und Gelbvieh) im Laufhof vor ihren Stallungen

Abb.: 1

Abb.: 2

Abb.: 3

Abb.: 4

Abb.: 5

Abb.: 6

Abb.: 7

Abb.: 8

Abb.: 9

Abb.: 10

Abb.: 11

Abb.: 12

Abb.: 13

Abb.: 14

Abb.: 15

Abb.: 16

Anhang B

Ehrenurkunde

Wir, die Kollegen des zu ehrenden Mannes, Albert Görlach, Ulrich xxxxxxx, Ludwig xxxxxx, Frank xxxxxx, Theo xxxxxxx, und Günter xxxxxx, ernennen

JAKOB XXXXXX

am 13. Mai 1961 in Mariniwka in Rußland geboren und am 12. April 2000 an der Universität Minsk zum Doktor agrar promoviert, zum

Wissenschaftlichen Wasserträger

Dieser Mann hat sich von Anfang an im Kreis derjenigen, die Embryonen auf Kühe übertragen, darum bemüht, besonders gute Erfolge zu erzielen. Als ihm das gelungen war, begann er ganz heimlich im Verborgenen mit den Instrumenten zu arbeiten, die geeignet sind, die Embryonen in der Mitte durchzuschneiden, so dass er die Zahl der Embryonen verdoppeln und die Zahl der Kälber vergrößern konnte. Aber weil ihm das nicht genügte, versuchte er, die halbierten Embryonen durch Kälte in Äthylenglykol zu konservieren, was ihm aber nicht glückte. Stattdessen gelang es ihm aber, auf eine solche Weise die vollständigen Embryonen zu konservieren. Weil er, sehr klug vorgehend und vielmehr Embryonen als anderswo anwendend, verschiedene Methoden ausprobierte und sie verglich, fand er mit seiner exzellenten Rechenkunst die überragendste Methode heraus. Weil das so ist, ehren wir ihn mit dem Titel

Doktor der Kunst,
Embryonen zu manipulieren und zu konservieren

Gegeben zu Kleve-Kellen, der wunderschönen und hochberühmten Stadt, im Jahre des Herrn 2000, am St. Martinstag, im 3. Jahr der Regierung Gerhard Schröders, nach dem Willen der Bürger Bundeskanzler Deutschlands, als Johannes Rau Bundespräsident war und Wolfgang Clement Ministerpräsident von Nordrhein-Westfalen.

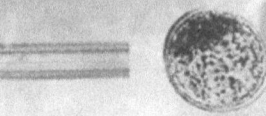

DOCUMENTUM HONORIFICUM

NOS

COLLEGAE VIRI HONORANDI, ALBERTUS GOERLACH, UDALRICUS ⬛⬛⬛⬛, LUDOVICUS ⬛⬛⬛⬛, FRANCUS ⬛⬛⬛, THEODORUS ⬛⬛⬛⬛, GUNTERUS ⬛

JACOBUM ⬛⬛⬛⬛⬛⬛⬛⬛⬛⬛

XIII. DIE MENSIS MAII ANNO DOMINI MCMLXI MARINIWCAE IN RUSSIA NATUM ET XII. MENSIS APRILIS ANNO DOMINI MM AD UNIVERSITATEM MINSCOVIAE DOCTOREM AGRARIAE PROMOTUM, PROPTER MERITA EIUS CREAMUS

AQUARIUM SCIENTIAE

QUI VIR A PRINCIPIO IN CIRCULO EORUM, QUI EMBRYA IN VACCAS TRANSPLAN-TANT, ID STUDEBAT, UT MULTUM PROFICERET. QUOD EI CUM CONTIGISSET, CLAM IN OCCULTO EIS INSTRUMENTIS LABORARE COEPIT, QUAE SUNT UTILIA AD EMBRYA MEDIA PERSECANDA, ITA UT NUMERUM EMBRYORUM DUPLICARE NUMERUMQUE VITULORUM AUGERE POSSET; SED CUM ID EI SATIS NON ESSET, EMBRYA BIPERTITA GELU IN AETHYLENGLYCOL CONSERVARE CONABATUR. QUAE RES EI NON SUCCESSIT. TAMEN PRO EO CONTIGIT EI, UT TALI MODO EMBRYA INTEGRA OPTIME CONSERVARET. PRUDENTISSIME AGENS ET MULTO PLURA EMBRYA QUAM ALIBI ADHIBENS CUM VARIOS MODOS EXPERIRETUR EOSQUE COMPARARET, SUA EXCELLENTISSIMA RATIOCINANDI ARTE PRAE-STANTISSIMUM MODUM INVENIT. QUAE CUM ITA SINT, ILLUM TITULO HONORAMUS.

DOCTOR
ARTIS EMBRYA COMMUTANDI ET CONSERVANDI

DATUM CLIVIAE - CELLINAE, IN URBE PULCHERRIMA ET PRAECLARISSIMA, ANNO DOMINI MM DIE SANCTI MARTINI, GUBERNATIONIS GERHARDI SCHROEDER, CIVIUM VOLUNTATE CANCELLARII GERMANIAE, TERTIO ANNO, JOANNE RAU PRAESIDE, WOLFGANGO CLEMENT PRIMO MINISTRO RHENO-GUESTFALIAE.

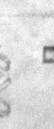

Anhang C

Presseberichte

Gerhard Gronefeld

Rinderzucht als Exportindustrie:

Erbgut nach Bestellung

über dem Vorjahr. Alle in der Besamungskette Tätigen werden ihr Bestes geben, um diese positive Entwicklung fortzuführen. Primär gehören dazu aber gleichermaßen entsprechende Maßnahmen in den Landwirtschaftbetrieben selbst. Nur gemeinsam wird uns eine dauerhafte Verbesserung der Fruchtbarkeitsergebnisse gelingen.

Der Neustädter Albert Görlach machte seinen Doktor als Tierarzt

Mords-Gaudi um Promotion

Seine Arbeitskollegen empfingen ihn gebührend — Proklamation um Marktpl...

Flexible Spezialisten mac...

Für Milchproduzenten, die konkurrenzfähig bleiben wollen, führt kein Weg an der konsequenten Leistungssteigerung vorbei. Kostengünstige und marktorientierte Produktion lautet die Devise. Kann der Einsatz von Biotechnik im Bereich der Zucht helfen, Wettbewerbsvorteile zu erreichen? Danach fragten wir Dr. Albert Görlach, Tierarzt an der Besamungsstation Kleve:

Herr Dr. Görlach bei seinem Vortrag

diesem Anliegen folge auch der Vortrag „Sterilitätsprobleme nd ihre Auswirkungen auf den Besamungserfolg" von Herrn Dr. lbert Görlach, Stationstierarzt in Kleve (Rinder-Union-Westf). ie ganz auf die Praxis bezogenen, wissenschaftlich untersetzn Ausführungen, rhetorisch gekonnt vorgetragen, vermittelten en Teilnehmern der Tagung weitere Anregungen für ihre tagtäg-

191

Der Mann, der mit den Kühen tanzt

CHINA. Tierarzt Dr. Albert Görlach aus Till-Moyland ist Besamungstechniker. Von ihm lernt die ganze Welt. Der Mann ist eine Koryphäe auf seinem Gebiet. "Fachidiot", sagt er selbst

VON GERALD SCHNEIDERS

Eine Kuh wirkt nicht", sagt Albert Görlach, "aber ein Wasserbüffel." Der Tiere muss er...

"Ich kann mich gut anpassen" – in Russland und im Orient.

(Text columns partially illegible)

---

successful AI course

CATTLE Breeders Farm held a very successful AI course during the week of the Salisbury Show. Managing Director, Mr Danie Reitz, told Cattle World that the 15 students (who included two women and four Africans) were extremely fortunate to have an address by Dr Albert Gorlach from Spermex in Germany. Dr Gorlach, who has visited Rhodesia several times, now heads a team doing ova (embryo) transplants and ova cultures. These are being shipped to various countries in the world. Dr and Mrs Gorlach were among the guests at the dinner party which concluded the course.

september, 1978 cattle World

september, 1978 cattle World

محَـاضَرة عِـلـمِـيَـة

تتشرف اللجنة العلمية لنقابة الاطباء البيطريين بدعوتكم
لحضور المحاضرة العلمية التي سيلقيها الدكتور البرت
جور لاخ
وموضوعها :

Dr. med . vet . Albert Gorlach
Embryo - Transfer in Cattle

وذلك يوم الاربعاء ٢٩_١١_١٩٧٨ الساعة الخامسة
مساء في قاعة نقابة الاطباء البيطريين بجبل عمان ، خلف
السفارة الاميركية

والدعوة عامة

رئيس اللجنة العلمية
د . طلال نصار

---

s ist Dienstag morgen, viertel nach sieben. Das ET-Team der Zucht- und Besamungsgenossenschaft Rheinland e.G (ZBR) mit Sitz in Kleve-Kellen trifft auf Gut Haldenthovon ein. Der ehemalige Exportstall der Firma Imex ist einer von drei Stützpunkten des Teams. Hierher kommen die Landwirte aus dem Raum Kleve / Xanten, um ihre Kühe spülen zu lassen, übertragen werden die Embryonen dann auf den Betrieben. Im Büro von Landwirt Theunihsen bereiten Dr. Albert Görlach, seine Frau Ingrid und der Besamungstechniker Westphal ihren Arbeitstag vor. Die drei arbeiten schnell und routiniert: nach 20 Minuten sind die beiden Kisten mit den notwendigen Instrumenten ausgepackt. Auf dem Schreibtisch ist jetzt ein komplettes Labor aufgebaut.

Dr. Albert Goerlach

DR ALBERT GOERLACH HAS PER-FORMED MORE THAN 600 EMBRYO TRANSFERS IN AFRICA. FROM 1981 TO 1983 THESE TRANSFERS WERE DONE SURGICALLY. THEREAFTER NON-SUR-GICALLY. HE WORKED IN EGYPT,

AN INTERVIEW WITH DR ALBERT GOERLACH, A FRIEND OF SOUTH AFRICA

Dr Goerlach: The embryo transfer helped me to see all parts of the world, except Australia. Even countries like the USSR and Iran, where I also performed embryo transfers were not left out. I like to travel and have nothing omitted.

Q: What is your position today and are you still involved in embryo transfer?

Dr Goerlach: Since 1989 I am Director of an A I station near Kleve, Germany, that is in a north-eastern direction from Cologne, near the Netherlandborder. Therefore I have different obligations now and I am involved in embryo transfer if there is so much work at a

Q: What is your opinion about the future of ET in Europe and in other parts of the world?

Dr Goerlach: Embryo transfer has become such a dynamic tool and no depression or opposition will ever stop its extension. Throughout the world we have each year an enormous increase in ET-figures. If one considers the associated biotechnical developments already visible on the horizon, then modern animal breeding and production will not be able to do without ET.

Q: Everybody talks about these biotechnological developments — which aspects do

Gestern als heilig verehrt— heute bloß eilig vermehrt

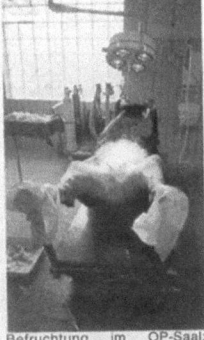

Befruchtung im OP-Saal: fertig zum Embryo-Transfer

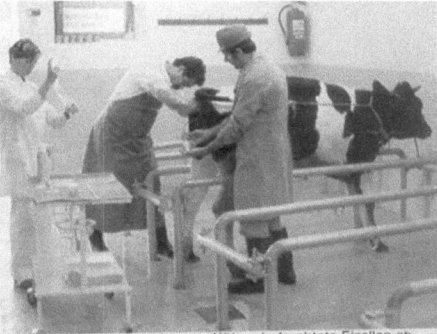

Tierärzte saugen Hochleistungs-Kühen befruchtete Eizellen ab, die anschließend Normal-Kühen übertragen werden (Bild links)

fotografías. Después de extraer por la incisión parte de la matriz, hasta sacar al exterior el cuerno uterino, la operación más delicada consiste en inyectar el embrión fecundado en la parte más alta del cuerno uterino, correspondiente al ovario del lado en donde se produjo la ovulación. Una vez supera-

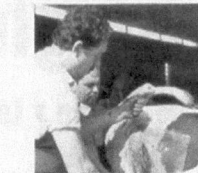

Momento en que se implanta el embrión fecundado en el cuerno uterino, correspondiente al ovario del mismo lado en que se produjo la ovulación.

ASSISTIERT VON DR. SZILVASSY (Ungarn) bereitet Teamchef Dr. Albert Görlach den Spülkatheter vor.
all/Foto: Schnall

.

FSC
www.fsc.org
MIX
Papier | Fördert
gute Waldnutzung
FSC® C083411

Zeitfracht Medien GmbH
Ferdinand-Jühlke-Straße 7
99095 Erfurt, Deutschland
produktsicherheit@kolibri360.de